# JÔFRE CORRÊA NETTO, CAPITÃO CAMPONÊS (1921 A 2002)

# JÔFRE CORRÊA NETTO, CAPITÃO CAMPONÊS (1921 A 2002)

Clifford Andrew Welch

1ª edição

**EDITORA
EXPRESSÃO POPULAR**

São Paulo - 2010

Copyright © 2010 Editora Expressão Popular

Revisão: Leandra Yunis, Ricardo Nascimento Barreiros e Ana Cristina Teixeira
Foto da capa: Jôfre durante a filmagem do documentário "Guerra do capim", 1999. Foto: Clifford A. Welch
Projeto gráfico: ZAP Design
Diagramação: Krits Estúdio
Impressão e acabamento: Cromosete

Dados Internacionais de Catalogação-na-Publicação (CIP)

| | |
|---|---|
| C439j | Welch, Clifford Andrew<br>Jôfre Corrêa Netto, capitão camponês (1921-2002) / Clifford Andrew Welch.—1.ed.—São Paulo : Expressão Popular, 2010.<br>104p.<br><br>Indexado em GeoDados - http://www.geodados.uem.br<br>ISBN 978-85-7743-165-6<br><br>1. Corrêa Netto, Jofre, 1921-2002. 2. Camponeses – Biografia. II. Título.<br><br>CDD 920 |

Catalogação na Publicação: Eliane M. S. Jovanovich CRB 9/1250

Todos os direitos reservados.
Nenhuma parte deste livro pode ser utilizada
ou reproduzida sem a autorização da editora.

1ª edição: outubro de 2010

EDITORA EXPRESSÃO POPULAR
Rua Abolição, 201 – Bela Vista
CEP 01319-010 – São Paulo-SP
Fone/Fax: (11) 3105-9500
livraria@expressaopopular.com.br
www.expressaopopular.com.br

# Sumário

Introdução . . . . . . . . . . . . . . . . . . . . . . . . . . . . . .7
A formação de Jôfre . . . . . . . . . . . . . . . . . . . . . . .13
Jôfre em Santa Fé do Sul . . . . . . . . . . . . . . . . . . . . .31
Jôfre, o autêntico líder camponês . . . . . . . . . . . . .59
Conclusão . . . . . . . . . . . . . . . . . . . . . . . . . . . . . . .69

*Anexo*
Poema da terra . . . . . . . . . . . . . . . . . . . . . . . . . . . .77
Indicação para leitura . . . . . . . . . . . . . . . . . . . . . .99

# Introdução

Embora não possamos confirmar a data nem a localidade do nascimento do teimoso lutador camponês Jôfre Corrêa Netto, a data e o lugar de sua morte, no entanto, estão registrados com exatidão: Brasília, 12 de junho de 2002.

Jôfre se identificou como gaúcho. O pai era gaúcho e a mãe, mato-grossense. Parece, contudo, que ele teria nascido nas proximidades do rio Uruguai, em algum lugar entre o Rio Grande do Sul e o Mato Grosso, e teria sido criado com a família da mãe em Mato Grosso. Como de muitos brasileiros do campo, não se encontram registros confiáveis sobre as origens de Jôfre. Mesmo assim, ele adotou a identidade de seu pai e se apresentava como um gaúcho daquela tradição rebelde da fronteira.

Seus documentos lhe dão a data de nascimento oficial como sendo 3 de abril de 1921. Até a década de 1980, não se encontra nenhum registro que contrarie esta data.

Com a volta do governo civil em 1985, o revigoramento do Partido Comunista Brasileiro (PCB), bem como a queda da União Soviética, Jôfre passou a protestar, afirmando que a data oficial estava errada e que ele nascera em 1917. Ora, este foi o ano da Revolução Russa que, para o mundo inteiro, teve grande significado em termos de movimento operário e camponês. Ao seu ver, portanto, Jôfre nasceu no RS, em 1917, e estaria com 84 anos quando faleceu.

Jôfre já era, de fato, bem maduro em 1959, quando a mídia nacional lhe deu a alcunha de "Fidel Castro Sertanejo". Ele atraiu a atenção jornalística como sendo o defensor principal de um grupo de mais de 800 famílias de camponeses ameaçados de expulsão por um poderoso latifundiário nas terras fronteiriças e pioneiras de Santa Fé do Sul, na região noroeste do Estado de São Paulo.

Em janeiro daquele ano, Fidel Castro tinha tomado o poder em Cuba com o apoio dos camponeses, e os jornais da época se aproveitaram de uma semelhança física e ideológica entre Fidel e Jôfre para provocar o sensacionalismo com relação ao conflito em Santa Fé.

O conflito era, sem dúvida, bastante sensacional, pois entre as famílias encontravam-se mais de 5 mil pessoas, muitas delas numa situação de total miséria. Para sobreviver, alguns recordam ainda que tiveram de comer raízes, insetos e até carne de cobras e macacos que conseguiam agarrar de vez em quando. É comum, nos relatos dos participantes, encontrar lembranças de crianças que morreram de fome.

A maioria dos 5 mil tinha chegado à região de Santa Fé nos anos de 1950, trazidos para desbravar a selva e formar pastagens, à base de capim colonião, para a engorda do gado. Vieram entusiasmados, cheios de esperanças.

Através do incentivo do proprietário José de Carvalho Diniz, chamado popularmente "Zico Diniz", muitos chegaram com a expectativa de ficar na terra durante cinco anos, vivendo da lavoura e ganhando dinheiro com a venda dos produtos agrícolas por vários anos em seguidas safras.

Mas uma seca prejudicou a primeira safra e "Zico Diniz" exigiu a entrega da terra. Logo em seguida, ante a recusa dos trabalhadores, ele ordenou que o capim fosse imediatamente plantado nas lavouras dos camponeses, os ranchos deles, queimados, e o gado fosse solto para destruir o que restava de suas lavouras que lhes serviam de alimentação.

Foi nesse tenso contexto que Jôfre apareceu para organizar a defesa dos camponeses. Numa inspiração exaltada, comandou seus colegas camponeses de Santa Fé numa "operação arranca capim", arrancando de suas lavouras o capim do latifundiário. Diniz pediu ajuda do Judiciário e conseguiu uma decisão contra a ação dos camponeses, bem como a presença da Polícia Militar na região.

Jôfre, porém, levou a luta para o governo municipal e estadual e também para o público urbano. "Meu povo!

Vamos tratar agora com carinho esse capim, para mandar depois para São Paulo, para o governador e o Zico Diniz comerem!", conclamou pelo jornal *O Estado de S. Paulo*.

Com a colaboração do PCB, que investia e se empenhava muito nos movimentos sociais da época, o conflito atraiu a mídia e Jôfre se tornou herói, disseminando os ideais de resistência entre os camponeses. Ele e outros camponeses, como José Correia de Lira e Olímpio Pereira Machado, fundaram a Associação de Lavradores e Trabalhadores Agrícolas, a semente do Sindicato dos Trabalhadores Rurais que foi estabelecido em 1963 e ainda existe na região. As manchetes diziam que Jôfre comandava a região. Frustrados, os aliados de Diniz mandaram assassiná-lo.

O atentado ocorreu na manhã de 6 de agosto de 1959. Mas a periculosidade de Jôfre já era bem divulgada, e o matador escolhido tinha tanto medo dele que – segundo se comenta – bebeu muito conhaque antes de praticar o crime, ou seja, antes de dar os tiros. Quando atirou, atingiu Jôfre em duas partes do corpo, inclusive no rosto, mas não conseguiu matá-lo. O atentado, além de não eliminar o líder, serviu para levantar ainda mais a sua fama e denunciar ampla e rapidamente a situação precária dos camponeses de Santa Fé.

Depois de recuperar, o PCB treinou Jôfre como militante comunista e ele participou de atas de formação de muitas associações e sindicatos de trabalhadores rurais e camponeses na região Centro-Sul. No início de maio de 1960, voltou a Santa Fé e começou a preparar outro movimento de resistência. Agora, foi o Estado que se preocupou com ele. No início de junho, o delegado aplicou a Lei de Segurança Nacional e mandou prender Jôfre e outros líderes da associação. O Estado alegou que outra "guerra do capim" ameaçaria o bem-estar da nação. Depois de uma campanha nacional orquestrada pelo PCB, Jôfre foi posto em liberdade. Mais ainda: tornou-se um símbolo importante da luta pela reforma agrária radical no Brasil.

Orientado pelo partido, Jôfre foi elevado a líder camponês e tido como mais autêntico que o próprio Francisco Julião, o advogado, político e filho de um decadente senhor de engenho que ganhou fama como presidente de honra das Ligas Camponesas.

Jôfre deu palestras para assembleias de trabalhadores nas quais dizia "devíamos imitar Cuba, quem apesar de pequena, demonstra ser forte, derrotando os trustes norte-americanos" e popularizando como criação comunista a frase anarquista do século 19, "Terra para quem nela trabalha".

Em novembro de 1961, Jôfre participou, ao lado de Julião, do Primeiro Congresso Nacional dos Lavradores e Trabalhadores Rurais em Belo Horizonte. Em setembro de 1963, foi preso de novo e não saiu da cadeia até maio de 1964, dois meses depois do golpe militar.

Apesar da repressão e da ausência de Jôfre, o exemplo dele era tão forte na região de Santa Fé do Sul que outras lideranças de camponeses se formaram para arrancar capim de novo em 1960, 1961 e 1962.

Em 1969, alguns sobreviventes da época de Jôfre arrancaram capim para protestar contra a perda de suas terras em frente à barragem do Rio Grande e sofreram com a brutalidade do governo militar. Até os anos de 1980, quando a Igreja Católica voltou a organizar a luta pela terra em São Paulo, a arrancação de capim se perpetuou como uma das principais maneiras de lutar pela posse da terra na região.

Enquanto a mídia o denominou "o Fidel do Sertão", para os camponeses e trabalhadores rurais ele sempre fora o Capitão Jôfre. Apesar de nunca ter chegado a um grau maior que cabo no seu serviço militar, ele aplicou bem algumas técnicas de liderança e militância que tinha aprendido no exército. Na luta dos camponeses, antes do golpe militar, se destacou como dirigente. Até a morte, o apelido de capitão permaneceu. Entre qualquer grupo popular, desde crianças, jovens ou adultos, Jôfre chamou a atenção, impôs o respeito e mereceu a palavra. Como ele nos falou em 1999, "Deus me deu o dom de ser líder".

# A formação de Jôfre

Logo após a Revolução Cubana, Jôfre Corrêa Netto se tornou famoso como líder camponês no Brasil. Essa transformação foi surpreendente para um homem que havia anteriormente trabalhado como carroceiro e servido ao seu país durante a Segunda Guerra Mundial, além de viver as aventuras da profissão de mascate e de herbanário. Como a maioria dos brasileiros da época, cresceu no campo e conhecia a vida dos camponeses e peões – mas esta não era a vida que ele havia escolhido seguir. Era muito gregário, indisciplinado e rebelde para passar a vida cultivando plantas. Foram suas qualidades carismáticas, e não seu dedo verde, que lhe valeram o apelido de "Fidel Castro do Sertão", conferido pela imprensa. Os jornalistas viam nele um exótico e entusiástico defensor de centenas de ocupantes de terra ameaçados da região fronteiriça de São Paulo, onde ele havia ido vender utensílios de cozinha. Da noite para o dia, Jôfre se tornou um líder camponês ligado ao PCB, uma identidade que se adequava à sua personalidade, além de ser apropriada para o momento.

Em 1959, o Brasil entrou na etapa final da sua República Populista (1945-1964), um período marcado pela aparição dramática de camponeses e assalariados rurais nos meios de comunicação de massa e na política. Com todos reivindicando reforma agrária, do presidente até os peões, foi como se Jôfre tivesse respondido a um segundo chamado para servir depois da guerra. Sem o menor senso de contradição, combinou seu serviço de soldado na guerra ao de líder camponês, ao adotar o nome de capitão Jôfre. Lutando pelos direitos dos trabalhadores rurais, viu-se continuando a luta da Segunda Guerra pela democracia, apesar da constante perseguição da polícia e de seus muitos encarceramentos por ameaçar a "segurança nacional". O golpe militar de 1964, que retirou o governo civil do poder, acabou com sua carreira como líder camponês comunista, e o fez retornar à vida de andança, fazendo bicos e finalmente vivendo de uma pensão pelo serviço militar. A biografia de Jôfre, a história de uma personalidade moldada pelas identidades de classe, partido, região, grupo étnico e nação, ajuda a ilustrar aspectos significativos da era populista do Brasil, assim como da época subsequente. Ela também mostra como, quando o momento é propício, indivíduos podem se elevar acima de suas condições para se unirem a outros e influenciar a história.

As complicações em se recontar a vida de Jôfre iniciam com seu nascimento. Como o da maioria dos brasileiros pobres que viviam nas áreas mais remotas antes dos anos de 1950, o nascimento de Jôfre não foi registrado. Até o fim dos anos 1980, quando pesquisadores e jornalistas demonstraram interesse na história da sua vida, Jôfre dava a sua data de nascimento como sendo 3 de abril de 1921. Com o crescente interesse na sua vida como militante comunista, entretanto, Jôfre começou a afirmar que aquela data era incorreta e que ele havia nascido, na verdade, em 1917, uma data aparentemente escolhida para associar seu nascimento com a Revolução Bolchevique e o nascimento da União Soviética. Ele passou a insistir mais nessa data após o colapso da União Soviética, um processo que o deixou muito descontente.

Até o final de sua vida, identificou-se com diversas lutas contra o imperialismo dos Estados Unidos, utilizando um lenço na cabeça para lembrar o líder palestino Yasser Arafat e, depois de seu acordo com Israel, ao então líder iraquiano Saddam Hussein. Quando o conhecemos, em 1988, ele tinha pintado a bandeira vermelha do PCB a frase "Base nº 1 Partido Comunista Brasileiro *Ipiranga*" na frente da sua casa em Ribeirão Preto, São Paulo. Embora nem todos os registros coincidam, ora dão 1921 ora dão 1917 como sendo o ano de seu nascimento, a determinação de Jôfre em sustentar seu perfil rebelde sugere que a data mais antiga foi escolhida apenas para impressionar, e que 1921 é um ponto de partida mais confiável.

Rebelião e convulsões marcaram a juventude de Jôfre. Rivalidades políticas e mudanças socioeconômicas dramáticas detonaram rebeliões em todo o Brasil durante os anos de 1920 e 1930. O Estado em que Jôfre alega haver nascido, o Rio Grande do Sul, iniciou algumas dessas revoltas e participou de todas. Sendo o Estado mais ao sul do Brasil, o historiador Joseph Love explica que o Rio Grande desenvolveu uma tradição belicosa, ao defender a América portuguesa (Brasil) contra os rivais da América espanhola (Argentina e Uruguai, que fazem limite com o Rio Grande ao sul e ao oeste). As pradarias do Sul deram origem ao gaúcho, conhecido por sua independência, lealdade e bravura. O gaúcho se defendia com um facão, mantido na bainha do cinto das bombachas, e se alistava em rebeliões que pareciam ser sobre poder, mas que eram cada vez mais relacionadas ao confronto entre a tradicional oligarquia, os donos de terras, e o aumento da conglomeração urbana, grupos modernizadores que favoreciam o desenvolvimento industrial, um governo competente e a formação de uma classe média de profissionais.

Determinar a posição de Jôfre no meio desses conflitos não é uma tarefa fácil. A falta de uma certidão de nascimento e do registro de batismo fazem com que as alegações de parentesco de Jôfre sejam impossíveis de se confirmar. Ele havia constantemente relatado que seus pais seriam Pedro Corrêa Netto e Joana de Figueiredo da Silva, e seu lugar de nascimento como sendo Santo Ângelo das Missões (RS). O senso de origem de Jôfre como gaúcho de Santo Ângelo era uma parte importante de sua identidade, ainda que pareça certo que não tenha realmente nascido nessa cidade. Se sua origem é no Rio Grande do Sul, é certo que ele passou muito pouco tempo lá antes de mudar-se para Mato Grosso, o território de sua mãe. Em uma entrevista de 1989, por exemplo, Jôfre diz que nasceu no Rio Grande do Sul, mas que sua mãe o criou no Mato Grosso desde os três anos de idade.

Santo Ângelo fica perto da fronteira noroeste do Rio Grande do Sul com a Argentina. Lá, dividindo os dois países, está o largo rio Uruguai, usado por navegadores para carregar mercadorias de rios mais distantes para portos rio abaixo, incluindo o porto no Oceano Atlântico, na cidade de Montevidéu. Jôfre não se lembra de nada dessa época, mas uma meia-irmã sua, que ele nunca chegou a conhecer, Olga Alves Godoy, afirma que o pai deles operava uma chata rudimentar no rio, carregando lenha e troncos de Mato Grosso ao Rio Grande do Sul. Olga e Jôfre nunca se conheceram porque tinham mães diferentes. Enquanto que Jôfre não se lembra de ter conhecido seu pai, Olga, que é mais jovem, lembra-se de conversas sobre seu pai ter uma segunda família. Como Jôfre está bastante certo de que sua mãe Joana era de Mato Grosso, e lembra-se de crescer com o pai e os irmãos dela, parece bem possível que Pedro tenha formado uma família com Joana no Mato Grosso durante suas viagens para buscar madeira lá. Se seguirmos essa hipótese, Jôfre estaria errado ao afirmar ser gaúcho.

Em questão de identidade, os fatos frequentemente importam menos do que os sentimentos e, nesse caso, Jôfre expressava uma forte identificação com um pai que o abandonou, e com um lugar do qual ele não se lembrava – e provavelmente nunca tenha visto. Desse modo, Jôfre é, ao mesmo tempo, representativo e excepcional, pois, até a metade do século 20, muitos brasileiros contavam com pouco mais que as anedotas de família para documentar suas origens, e ainda poucos tinham a motivação de Jôfre para dar à vida um propósito e uma direção através da construção de um forte senso de identidade. Ele não só veio a celebrar suas origens gaúchas como um emblema de liberdade e força como também encontrou no pai de quem não se lembra um modelo de comportamento masculino.

O pai de Jôfre, Pedro, era conhecido como "doutor" porque as pessoas o procuravam para curas por meio de ervas. Até 1932, especialistas em cuidados da saúde podiam praticar sem registro nem treinamento formal no Rio Grande do Sul. Aqueles que, em outros contextos, poderiam ser chamados de vendedores de óleo de cobra ou de homem dos remédios, ganhavam o título prestigioso de doutor no Rio Grande, se suas curas fossem mais frequentes do que seus fracassos. Parece que o pai de Jôfre conhecia seu negócio e impressionava seus vizinhos e seu filho Jôfre, pois este foi um ramo de atividade no qual ele buscou mais tarde se aventurar, em um tempo em que nem os padrões de cuidado com a saúde nem a lei eram tão rigorosos.

Nos seus negócios como curandeiro e operador de chata, o pai de Jôfre viajou muito, estabelecendo uma vida errante, que seu filho mais tarde adotaria. João Pires Netto, sobrinho de Pedro e primo de Jôfre, especula que o velho Corrêa Netto tenha abandonado Jôfre em 1924, quando ele e o pai de João ingressaram em uma revolta militar, iniciada em Santo Ângelo e liderada por um capitão do Exército, Luís Carlos Prestes. Os soldados rebeldes, cansados dos maus-tratos nos serviços e frustrados pela política retrógrada da oligarquia rural do Brasil, convergiram em Santo Ângelo para demonstrar a sua solidariedade com uma revolta similar do Exército em São Paulo. Como registra o historiador Neill Macaulay, a partir de outubro centenas de tropas e civis seguiram Prestes e outros comandantes em uma marcha épica, de mais de 24 mil quilômetros pelo interior do Brasil, antes de se refugiarem na Bolívia, em 1927. Segundo João, devido às suas habilidades medicinais, Pedro partiu com as tropas. Outra rebelião de importância nacional iniciou-se em Santo Ângelo, em outubro de 1930, quando o tenente-coronel local, Pedro Góes Monteiro, tornou-se o líder militar da conspiração que pôs fim à Velha República e colocou no controle da nação o governador do Rio Grande do Sul, Getúlio Vargas. Tanto Olga quanto João acreditam que Pedro tenha participado deste movimento, alegando que era um homem especialmente corajoso.

Jôfre, que não conhecia essas histórias, especificamente, cresceu, entretanto, com a impressão de que seu pai era não apenas corajoso, mas um "comunista" – o que era improvável. Embora o capitão Prestes tenha muito depois se tornado o secretário geral do PCB, ele não entrou para o partido até 1931. O partido havia sido fundado por um grupo de intelectuais e artistas no Rio de Janeiro, em 1922, e suas ligações com o Rio Grande do Sul eram limitadas a alguns poucos radicais em Porto Alegre. O tempo e a distância desses acontecimentos com relação a Santo Ângelo levam-nos a duvidar que a filosofia de Pedro tenha sido significativamente influenciada pela ideologia comunista. Entretanto, parece que há indícios de que Pedro era um homem de ação, que participou com entusiasmo das rebeliões de sua época, uma tendência que se atribui aos gaúchos. Qualquer que seja a verdade, a identidade de Jôfre foi moldada pela noção de que seu pai era corajoso, que desejava desafiar a autoridade, e essa ideia deixou uma herança familiar de militância para ser imitada por seu filho. Temos que pensar, também, no efeito psicológico de crescer sem pai, uma condição que, muitas vezes, produz um caráter rebelde nos filhos.

O comportamento de Pedro também parece ter deixado seu filho com a ideia de que próprio do homem ser um conquistador de mulheres e um pai malandro. Pedro talvez tenha tido quatro filhos com a mãe de Jôfre, cinco com a mãe de Olga e um número incontável com outras mulheres, pois ele parece ter passado muito pouco tempo com qualquer uma das duas famílias conhecidas. No Brasil daquela época (e até hoje), o "jeito" de Pedro com as mulheres reúne os valores socialmente valorizados de virilidade, domínio e liberdade. Jôfre seguiu os passos de seu pai. Em 1949, ele tinha uma companheira com a qual teve, pelo menos, um filho; e, em 1961, casou-se com Jandira Freitas Campos, uma estudante ativista, com a qual teve três filhos. Não passava quase nenhum tempo com suas duas famílias conhecidas, não tinha histórias para contar sobre seus filhos e orgulhosamente revelava aos seus ouvintes masculinos que tinha muitas outras ligações adicionais e incontáveis filhos ilegítimos.

Nos anos de 1990, sua extensa família incluía uma segunda e uma terceira geração de famílias sem pai e crianças problemáticas, muitas delas debilitadas e marginalizadas pelo flagelo moderno do abuso de drogas e tráfico. Em 2006, conhecemos o seu filho com Jandira, Flávio, que na época estava na luta pela terra, afiliado ao Movimento dos Trabalhadores Rurais Sem Terra (MST) e acampado em Apiaí, no Vale do Ribeira, São Paulo. Apesar de uma marcada similaridade física e biográfica, não se lembrava de seu pai. Trabalhava para criar uma ONG de apoio para os camponeses como ele, modelado na famosa "Save the Children", só que em vez de arrecadar dinheiro para crianças, o faria para sem-terras. Infelizmente, foi relatado que morreu jovem demais em 2008.

Uma mulher parece ter tido um impacto significativo na vida de Jôfre: sua mãe Joana. "Ela era tudo pra mim", Jôfre nos contou em 1997. "Ela me ensinou tudo. Ela me ensinou sobre caráter e como ser uma pessoa culta". O apoio da família da mãe permitiu que frequentasse a escola por três anos, provavelmente no fim dos anos de 1920, um privilégio para poucos da classe social deles. Sua habilidade de ler e escrever, na época, colocava-o acima do sertanejo médio. Como Jôfre lembra, sua mãe e seu pai tiveram outro filho antes dele – Ney Corrêa Netto – e, antes dele, uma filha de nome esquecido, que logo morreu. Jôfre e Ney cresceram juntos, mas tiveram pouco contato depois do filho mais velho deixar o lar, na metade dos anos de 1930; os irmãos não mantiveram nenhum tipo de contato até 1961.

Com a morte de seu pai, Joana ganhava dinheiro para criar os filhos costurando. "Como costureira, ela era uma mestra artesã", comentou Jôfre. Finalmente, as condições o forçaram a sair da escola para trabalhar, e assim ajudar a sustentar sua família. Ele começou a trabalhar como ajudante de um carroceiro, passando mais de dois meses longe de casa. Até completar 13 anos de idade, caminhou na frente de touros, levando-os por quilômetros e quilômetros por trilhas poeirentas, acampando ao lado da estrada, onde ele lembrava assar o produto de caças, como cobras e aves selvagens. Logo após, a família migrou para o Estado de São Paulo, onde iam se mudando de lugar para lugar, com Joana costurando e Jôfre buscando fazer bicos, e acabou desenvolvendo algumas habilidades como eletricista.

Cansado de vagar e do desemprego, Jôfre finalmente seguiu o conselho de sua mãe e se alistou no Exército. "Ela me disse", Jôfre contou, "que as pessoas pobres nunca se tornam nada mais do que soldados ou sargentos, mas que, ainda assim, o Exército oferecia mais apoio do que ela poderia". Além disso, em 1939, Vargas instituiu o serviço militar obrigatório para os homens brasileiros. Aqueles que não possuíam o certificado de reservista não poderiam se candidatar a empregos públicos, ou votar; quando flagrados, aqueles sem os certificados tinham de pagar multa. A mãe de Jôfre talvez tenha recomendado o Exército nessas circunstâncias, mas Jôfre adiou o alistamento até outubro de 1940. No quarto dia do mês, ele se apresentou junto ao quarto batalhão de Infantaria, em Quitaúna, São Paulo, e foi alistado como um jovem saudável, solteiro, analfabeto, branco com cabelos castanhos e olhos castanhos claros, que trabalhava como eletricista e sabia nadar. Mais para o fim da sua vida, Jôfre passaria muitos dos seus dias na companhia de ex-soldados num abrigo do Exército, e, quando ele não estava relembrando suas atividades como líder camponês comunista, sua principal identidade era ser ex-combatente da Segunda Guerra Mundial.

A Segunda Guerra Mundial foi um momento de transição na história das Forças Armadas do Brasil, como os historiadores José Murilo de Carvalho e Peter Beattie demonstraram. Desde a rebelião de 1930, o Exército havia crescido em importância, e as pessoas começaram a vê-lo menos em seu papel tradicional como um destino para pessoas que estavam à margem da sociedade e mais como uma instituição profissional e de construção nacional. Esta foi provavelmente a ideia de Exército que chamou a atenção de Joana e, embora ainda estivesse em transição durante os anos de 1930, havia se tornado uma instituição respeitável nos anos de 1940, e os soldados, cada vez mais, eram vistos como homens de honra e guardiões da nação. Os soldados da Força Expedicionária Brasileira da Segunda Guerra Mundial (FEB – febianos) foram os primeiros a ganhar essa estatura. Como veteranos, eles finalmente ganharam apoio público e benefícios para a aposentadoria sem precedentes, que incluíam uma pensão, seguro médico e moradia de graça.

A identificação de Jôfre com o Exército parece estar em flagrante contraste com sua vida como militante comunista. Ainda que esta fosse uma contradição, era, de uma forma complicada, o tipo de união de opostos que tipifica o Brasil. O líder comunista de longa data Luís Carlos Prestes, por exemplo, iniciou sua jornada radical como um insatisfeito capitão do Exército. Embora a ideologia de Prestes e sua militância o tenham alienado da hierarquia militar e ele tenha ficado preso de 1935 a 1945, muitos oficiais e soldados respeitavam-no por sua inteligência, rigor e nacionalismo. Ao mesmo tempo, foi o Exército, dentre todas as Forças Armadas do Brasil, que deu início a um programa de doutrina ideológica nacionalista que almejava erradicar o pensamento comunista de suas fileiras. Jôfre alega, entretanto, ter sido apresentado ao PCB enquanto servia. Essa era uma alegação comum devido, em parte, à aliança do ocidente com a União Soviética durante a guerra. Com Prestes, e especialmente depois de 1945, o PCB compartilhou com o Exército uma estrutura hierárquica, arregimentação e nivelamento social, baseado no mérito e dedicação para defender e advogar soluções para os problemas nacionais. Essas consistências, em vez de aumentarem os contrastes entre eles, contribuíram para que Jôfre pudesse se sentir patriótico e à vontade em ambas as organizações. Na sua mente, ele trabalhava para construir e defender a pátria, tanto no Exército quanto no partido.

Nada nos registros de Jôfre comprovam sua alegação, de que comunistas clandestinos despertaram sua consciência política enquanto ele estava no Exército. Ele se lembra de que em seu tempo havia um constante desafio à autoridade. Mas, durante os dois primeiros anos de seu serviço militar, as suas atividades eram tão previsíveis que apenas preencheram um pouco mais que uma página dos livros de registros mantidos pelos escribas do Exército. No fim do ano de 1942, ele alcançou o topo social que sua mãe havia vislumbrado, primeiro sendo promovido a cabo e depois a terceiro-sargento. Entretanto, ele nunca usou as três listras e certamente nunca chegou ao status de capitão.

Algo aconteceu no último quarto do ano de 1942 que transformou sua relação com o Exército desse momento em diante. Os livros de registro contam uma história perplexa de repetidas más condutas, deserção, insubordinação e, consequentemente, meses na cadeia militar, incluindo muitos dias de confinamento na solitária. O que havia acontecido? Jôfre explica que a mudança dramática na sua atitude aconteceu quando ele soube que sua mãe havia morrido no final do ano. "Tinha um sargento malvado que decidiu não me contar que minha mãe estava doente até que ela já tivesse morrido", Jôfre conta. A demora em dar informação tão importante sobre a pessoa que era de mais valor na sua vida o atingiu como sendo uma alta traição, e ele se rebelou contra esse terrível paternalismo de forma contumaz, até ser expulso por desonra três anos depois.

Quando olhamos os registros e os comparamos com a tardia conversão de Jôfre em um ex-combatente da Segunda Guerra Mundial, não podemos evitar a surpresa com sua inventiva regeneração. Ele aparece como a quintessência do malandro brasileiro, um manipulador esperto, que, por causa da opressiva estrutura social do Brasil, é visto como um herói na cultura popular. O malandro é admirado, argumenta o antropólogo Roberto da Matta, porque ele é alguém que transforma fraqueza em força, que desafia os limites das classes sociais e as estruturas paternalistas para construir, para si mesmo, seus amigos e família, uma vida de maior conforto e autonomia. Ele é alguém que, com poucos privilégios, vira do lado avesso o exclusivo sistema hierárquico brasileiro, fazendo-o trabalhar para ele.

Jôfre prestou serviço ativo durante a Segunda Guerra Mundial apenas de 13 de julho até 6 de agosto de 1943, quando foi enviado para ajudar a guardar uma usina elétrica no litoral, e este foi o ano em que a FEB invadiu a Itália. Tanto antes quanto depois desse período de três semanas de serviço, Jôfre passou a maior parte do seu tempo preso. Ainda assim, ao encontrá-lo cinquenta anos depois, na reunião de febianos em Brasília, podemos pensar que ele havia liderado o ataque final à fortaleza alemã de Monte Castello e recebido a patente de capitão por bravura sob fogo. Enquanto envelhecia, mais aumentava sua identidade como veterano, apesar de seu parco registro de serviço. Em 1981, ele conseguiu sucesso na sua solicitação para ter seu desligamento por desonra perdoado, e gradualmente acumulou toda a série de benefícios governamentais a que tinham direito os febianos. No meio dos anos de 1990, tipicamente, Jôfre usava a boina militar e mantinha a sua carteira de identidade de veterano à vista, como sendo um distintivo de honra e privilégio.

Depois da sua expulsão, em janeiro de 1945, Jôfre seguiu um caminho obscuro, fazendo bicos, vendendo panelas de cozinha, prescrevendo remédios medicinais, anotando apostas, escrevendo cartas para analfabetos e desobedecendo a lei. Foi preso em 1953 por espancar, e em 1956 por esfaquear um homem, ficando diversos meses na cadeia de cada vez. A imprensa da classe dominante fez muito de sua ficha criminal, de modo a diminuir sua liderança depois da luta por terra estourar em Santa Fé do Sul. Foram adicionados à lista duas detenções em 1950 para verificação de identidade, uma em 1952 por um espancamento, uma em 1953 por vagabundagem, uma em 1954 por jogo e uma por checagem de antecedentes, em 1955, mas nenhuma dessas acusações adicionais aparecem no registro oficial da polícia; talvez as autoridades as tenham inventado para desacreditá-lo. Em cada acontecimento, Jôfre parece haver passado muito dos anos 1950 vivendo à margem da sociedade, quicando em cidades do interior, tentando fazer a vida e evitando a atenção da polícia. A folha corrida indica que o ex-soldado encontrou uma vida dura como civil, mas também alguém dedicado a viver em liberdade, negando qualquer legitimidade a autoritária estrutura social do Brasil.

Fotos: Fundo *Última Hora*, Arquivo Público do Estado de São Paulo, 1959.

# Jôfre em Santa Fé do Sul

Por volta do ano de 1957, Jôfre Corrêa Netto chegou à região de Santa Fé do Sul pela primeira vez. Em 1988, contou ao historiador Nazareth dos Reis que se havia mudado para a área em busca de terra para cultivar. Em uma entrevista de 1989, contou à socióloga Vera Chaia que havia sido convidado por um amigo do Exército para ir para lá, um "capitão dispensado chamado Guiné", para investir em terras, na Ilha Grande, na confluência dos rios Grande e Paranaíba. Na entrevista concedida ao autor em 1997, entretanto, Jôfre disse que o Comitê Central do PCB de São Paulo o havia mandado para a região para agitar os camponeses, cobrindo suas atividades políticas com o trabalho de vendedor. Contou a todos que primeiramente havia vivido com cerca de 50 famílias que cultivavam terras disputadas na zona alagadiça da margem do rio e que, em algum momento em 1957, enquanto estava fora, o homem que alegava ser o dono das terras queimou suas casas e destruiu suas plantações. "Quando voltei das minhas viagens", Jôfre nos contou, "eles haviam queimado 45 casas, galpões, queimando junto todo o dinheirinho que cada família tinha economizado durante todo o ano, queimando também suas colheitas que estavam armazenadas dentro dos galpões". Jôfre e os outros atribuíram a culpa pelo ataque a José de Carvalho (Zico) Diniz, o maior dono de terras privadas da área.

O momento foi gravado em um poema épico do camponês Olímpio Machado Pereira, publicado na *Revista Brasiliense* em 1961. Assim vai a parte relevante:

E este Zico em sangue frio
Assistindo as cruerdades

Com esses pacatos roceiros
Nossos irmãos, nossa raça
Que fugiam espavoridos
Vendo suas casas em fumaça
Que os policiais punham fogo
As ordens desse "Carcassa"

Queimavam casa com tudo
E os pobres saiu sem nada
Alguns doentes com febres
Saiu prá morrer na estrada
O que aconteceu a uma pobre
Que ficou louca coitada

Uma Mulher em Gravides
Onde as dores se refletem
Deu à luz a criancinha
Na estrada, a pobre da Ivete
Que o cordão umbilicar
Foi cortado a canivete

Despejavam querozene
Esse homem e os policiais
E depois ateavam fogo
Para ver as espiraes
Da fumaça que subia
Da queima dos cereaes

Dava arrepios na gente
Essa forma de terror

Olímpio escreveu de sua experiência vivida e jogou a culpa no Zico Diniz. O poema recorda a queimação das casas, de seus pertences e produção agrícola – os "cereaes". Mais ainda, conta como sofreram "os pobres" e destaca a história horrível de uma mulher grávida que deu à luz na estrada.[*] O poeta dá "1936" como o ano do ataque, mas é pouco confiável, dado a história de ocupação da área. Com a convergência de vários fatores e a corroboração de

---

[*] O leitor pode consultar o poema no anexo do livro.

outra evidência, só é possível que tenha ocorrido cerca de 20 anos depois, na segunda metade dos anos de 1950.

De qualquer forma, o ataque provou ser a primeira batalha no confronto entre Jôfre – e seus aliados camponeses – e Zico Diniz, com seus parceiros de negócios e seus trabalhadores, no que gerou a chamada Guerra do Capim. Esse prolongado conflito transformou Jôfre no "Fidel do Sertão", elevou-o de um homem com quase nenhuma ligação no mundo, nem mesmo familiar, a alguém com uma rede de relacionamentos rica e variada. Segundo o antropólogo Roberto da Matta, relacionamentos, mais que qualquer outro fator, definem quem você é no Brasil. Ao responder à pergunta: "Você sabe com quem está falando?", a pessoa imediatamente comunica seu poder, articulado por meio das suas relações com outros. Jôfre, esse andarilho abandonado, inferiorizado, desonrado, muito perseguido, foi de repente agregado à companhia de políticos poderosos, líderes sindicais, jornalistas e estrangeiros. Todos seus anos de viagens, com diversas ocupações, serviço militar, confrontos com autoridade, sobrevivendo da sua própria esperteza, de repente transformaram-se em matéria-prima que lhe asseguraria o reconhecimento de sua habilidade e um carisma sem preço.

Na segunda metade dos anos de 1950, o Brasil estava entrando em um período único, no qual as portas se abriram para a ação de pobres como Jôfre. Enquanto a economia mundial se realinhava, seguindo o término da guerra, o Brasil desfrutava da valorização de produtos, tais como café, e o aumento do investimento estrangeiro, pois os negociantes dos Estados Unidos buscavam oportunidades no exterior. "Desenvolvimento econômico" e "modernização" eram as palavras-chave da era. O presidente Juscelino Kubitschek prometeu "cinquenta anos de progresso em cinco" e iniciou a construção de Brasília, para sinalizar a modernização e o avanço do país. A primeira vitória do Brasil na Copa do Mundo de 1958, sinalizou para muitos que o Brasil sem dúvida era o "país do futuro". Parte integrante dessas mudanças estava no despertar da sociedade de massa, particularmente nas áreas rurais, onde os movimentos políticos alcançaram as classes rurais mais baixas.

Se, por um lado, romances e filmes de sucesso, produzidos pela crescente indústria cultural brasileira, reviravam o folclore sertanejo em busca de uma identidade nacional, os próprios camponeses insistiam em ser incluídos no processo de modernização. Queriam eletricidade, equipamentos, transporte motorizado, hospitais, escolas, sindicatos, salários e preços justos e a chance de prosperar com o resto do país e do mundo. Um conjunto de leis foi criado para dar aos camponeses direitos e deveres como qualquer outra classe de trabalhadores brasileiros. Em dezembro de

1958, por exemplo, a Lei nº 3.494 deu aos posseiros o direito de prolongar a sua posse por mais dois anos, contanto que notificassem os donos das terras com antecedência. Tais desenvolvimentos e leis inspiraram os camponeses a lutar por um aumento da sua participação social e política. A ascensão de Jôfre como líder camponês na fronteira de São Paulo, o Estado mais rico e mais industrializado do Brasil, coincide com esse conjunto de mudanças.

Santa Fé do Sul foi fundada em 1948, e os eventos que aconteceram lá têm suas raízes no seu processo de crescimento. Muitas das terras da região haviam sido compradas em 1946 por uma companhia de colonização e imigração conhecida como CAIC. A companhia, controlada por alguns dos fazendeiros mais ricos e mais bem estabelecidos de São Paulo, representava a transformação da agricultura do Estado, afastando-a da força tradicional cafeeira em direção a uma maior diversidade. Em grande parte, a CAIC vendeu ou alugou terra para camponeses que acabaram plantando uma variedade de cultivares. No caso de Santa Fé do Sul, entretanto, o pecuarista Zico Diniz comprou duas florestas grandes, somando mais que um quinto da compra original do CAIC. As terras eram conhecidas como Fazenda Mariana e Fazenda São João do Bosque.

Diniz representava uma força ascendente no campo brasileiro, o homem do gado. Enquanto a população urbana do Brasil crescia, especialmente nos centros industriais como São Paulo, o mercado de carne bovina aumentava. Diniz pretendia capitalizar nesse mercado, limpando o mato das suas terras em Santa Fé e transformando-as em pastagem. Para fazer isso de maneira economicamente viável, principalmente em uma época anterior à disponibilidade de maquinário, tais como tratores e motosserras, empregou o sistema de sublocação. Por um contrato escrito, ele alugava grandes porções de terra a dois arrendatários, que então sublocavam lotes nas fazendas, em regime de contrato oral, a centenas de famílias, chamadas a migrarem até a região. Como subarrendatários, o trabalho das famílias camponesas era de limpar a terra do denso e emaranhado matagal, cultivá-la e então plantar capim-colonião, uma pastagem vigorosa. Deviam fazer a vida vendendo as sobras das plantações e ganhando algum dinheiro para a entrega de cada hectare que virasse pasto.

Os arrendatários das duas fazendas do Zico foram José Lira Marim (Fazenda Mariana) e Joaquim Nogueira (Fazenda São João). Eles ganhavam dinheiro na venda da madeira retirada para lenha, construção e para os dormentes de ferrovias. Zico Diniz reivindicava metade do lucro da venda da madeira e, depois de três a cinco anos, esperava acumular para si quase 5 mil hectares de pasto novo para seus rebanhos de gado, com virtualmente nenhum custo. Ao menos, era assim que deveria funcionar.

Esse método comprovado de explorar tanto os recursos naturais quanto humanos veio abaixo em abril de 1959, quando Jôfre inspirou alguns dos parceiros a arrancarem o pasto que eles mesmos haviam plantado para Nogueira e Marim. Até lá, a ameaça à ordem estabelecida supostamente representada pelas atividades de Jôfre já estava sob a mira da polícia "da ordem social" do Estado de São Paulo – o Deops – há alguns meses. No início de março, um agente relatou a participação de Jôfre em uma reunião comunitária de amigos de bairro em São Paulo. A reunião foi organizada com a participação da organização rural de frente do PCB – a União de Lavradores e Trabalhadores Agrícolas do Brasil (Ultab), e um espião, vigiando a Ultab, notou a presença desse "comunista e dirigente da Associação Agrícola de Santa Fé do Sul". O espião relatou que Jôfre denunciou Zico Diniz por tratar "as famílias que moravam há muito tempo em Santa Fé como animais".

Uma espionagem um pouco anterior relatou para o Deops que Jôfre havia ganhado alguma influência na região em 1958, pela sua participação na campanha do candidato a prefeito de Santa Fé, Deraldo da Silva Prado. Quando tomou posse em 1º de janeiro de 1959, o prefeito Prado recebeu com boas-vindas uma petição de "centenas" de camponeses que moravam na área rural do município. A petição solicitava ajuda para resolver necessidades médicas e escolares e também requeria que ele e a Câmara dos Vereadores apoiassem os pequenos lavradores na "criação de uma associação de lavradores", para que tanto a Câmara de Vereadores quanto os camponeses pudessem "trabalhar juntos de modo mais fácil e menos doloroso para ajudar Santa Fé a crescer e promover uma melhor qualidade de vida" no Estado e ser o "orgulho" da nação.

A lista daqueles que assinaram a petição jamais apareceu; portanto, é difícil afirmar que Jôfre tenha sido o responsável. Fica claro, entretanto, que, em março, a polícia identificou Jôfre como líder do movimento camponês em Santa Fé e, em junho, quando uma assembleia de mais de mil camponeses fundou formalmente a associação, Jôfre foi eleito presidente por aclamação. Suas conexões aparentes em São Paulo, seu papel no episódio do capim arrancado em abril, assim como seu carisma, impulsionaram-no para a liderança.

Mas o que causou seu envolvimento, em primeiro lugar? Embora as fontes sejam mais que suficientes para esse período da vida de Jôfre, elas são silentes ou ambíguas sobre a sua repentina aparição como um ativista político plenamente equipado. Não se deve esquecer que a lembrança de Jôfre desse período rejeita a noção de transformação. Ele alega que seu pai era comunista, que ele próprio se tornou comunista no Exército e que o PCB mandou-o para Santa Fé para organizar os camponeses. Mas essa versão é quase certamente falsa. Embora as autoridades pressupusessem persistentemente que ele era comunista, os líderes do PCB o negam até hoje.

Em 1994, o antigo chefe da Ultab, Lyndolpho Silva, disse que "Jôfre não tinha nada de ligação conosco, nada mais que uma expectativa semelhante na sua cabeça. Jôfre estava apenas se aproveitando da situação para defender aquelas pessoas". Depois do episódio do pasto arrancado, o PCB enviou Pedro Renaux Duarte, presidente interino da Ultab, para Santa Fé, para ajudar a resolver a situação. "Eu não sei se ele era membro do partido", contou-nos Duarte. "Ele era um líder nato do pessoal de lá". A polícia disse que ele era chamado de capitão Jôfre porque tinha tendências violentas e era "militante". Mas todas as outras fontes confirmam que foi o seu carisma que lhe valeu esse título. "Ele era querido por todos os camponeses", disse Duarte. "É um nome que eu ganhei do povo", Jôfre disse em 1989. Eles o admiravam, afirma, por sua reação agressiva ao grave incidente de 1957, no qual seus sítios da beira do rio haviam sido incendiados. Alega ter buscado apoio externo para os camponeses, em São Paulo e no Rio de Janeiro. Isto é possível, mas improvável, a menos que alguém tivesse estabelecido ligações para ele, dada a sua evidente falta de conexões.

Havia comunistas na região e ao menos dois se conectaram com a associação: Arlindo Quiozini, um subarrendatário na Fazenda Mariana que também era dono de uma pequena beneficiadora de arroz, e o poeta camponês Machado, com quem Jôfre alega ter feito amizade em 1957. É bem possível que os dois tenham influenciado Jôfre a se envolver e que eles tivessem tido a ideia de buscar alianças e fundar uma associação. Leitores dos jornais do PCB também sabiam que, desde 1954, o partido havia usado a estratégia de fundar associações, de modo a ampliar os direitos dos assalariados agrícolas e camponeses. Foi nesse contexto que o PCB reiniciou a publicação do jornal *Terra Livre* e fundou a Ultab. Em 1959, dezenas haviam sido criadas no Estado de São Paulo e, apesar de sua posição legal questionável, elas frequentemente ajudaram os camponeses a se defender e ganhar experiência política. Portanto, é mais provável que Jôfre tenha sido inicialmente levado pelas circunstâncias locais, aprendido com seus amigos e encontrado na associação um palco para desempenhar as suas amplas habilidades.

Quando o capim começou a crescer, e matar as colheitas dos camponeses em março, Jôfre iniciou suas atividades. Antes de arrancar o capim, ele ameaçou a atividade em diversos confrontos com Marim e Nogueira. Contatos com os advogados parecem tê-lo encorajado. O advogado e político Roberto Valle Rollemberg, do município de Jales, o então centro administrativo e judiciário dessa região de São Paulo, falou pela recém-nascida associação na posse do prefeito Prado, e um advogado e editor de Santa Fé, Nuno Lobo Gama D'Eça, doou seus serviços para a associação e seus membros. Após um diálogo com esses advogados, os líderes da associação desenvolveram o argumento de que a Lei nº 3.494 deu aos parceiros o direito de prolongar a sua permanência na terra.

Além disso, uma onda de medidas de reforma agrária, de Cuba ao nordeste do Brasil, onde um engenho desativado de cana-de-açúcar estava sendo considerada para expropriação e distribuição para os trabalhadores que lá residiam, levou Jôfre e os outros a argumentarem que, se os camponeses aguentassem firme por tempo suficiente, talvez fossem capazes de ficar permanentemente na terra que haviam limpado e cultivado. Jôfre promoveu essas ideias e alegou que a posição da associação estava amparada na lei. Numa sociedade na qual a lei sempre pareceu estar a favor dos poderosos e dos ricos, além de ser uma força impessoal de opressão, a maioria das pessoas apreciava seu poder. A suposta legalidade do plano de ficar na terra e a moralidade de arrancar o capim para restaurar as colheitas deram a Jôfre argumentos de peso considerável. Ter a lei do lado deles significava virar o mundo de ponta-cabeça, numa espécie de revolução moral, senão social. E era justamente essa ideia de mudar a maré que fazia de Jôfre uma ameaça.

Antecipando a resistência dos parceiros no início de abril, Diniz apelou à Justiça com um mandado de injunção preventivo contra Jôfre e a associação. O juiz pediu à polícia para abrir uma investigação. As autoridades concluíram que a associação era subversiva, permitindo fechá-la, e ordenaram que confiscassem seus pertences basicamente cópias do jornal da Ultab, *Terra Livre*, alguns panfletos, e papéis legais, localizados em um canto de uma pensão, na vila de Rubineia. Entretanto, essas medidas não interromperam os planos de Jôfre. Em vez de ficar intimidado, tomou a iniciativa e organizou a ação de mobilizar dezenas de camponeses a arrancar mais que cem hectares de capim na Fazenda Mariana. "Os camponeses partiram sob a liderança de Jôfre, que estava montado a cavalo" disse Benedito da Silva, um residente da área. "Foi o modo de Jôfre implantar sua liderança", disse Laurindo Novaes Netto, o sócio de Rollemberg no escritório de advocacia.

As fontes concordam que Jôfre Corrêa Netto instigou a Guerra do Capim e inspirou a resistência dos camponeses à expulsão de suas fazendas. Em abril de

1959, a expulsão de 800 famílias – em torno de 5 mil pessoas – era iminente. Os contratos que Marim e Nogueira tinham com Diniz obrigavam-nos a devolverem metade das terras arrendadas em setembro de 1959 e o resto, em setembro de 1961. A primeira metade, onde a maioria dos camponeses morava, estava para ser entregue como pastagem até janeiro de 1959. Alguns argumentavam que Nogueira e Marim enganaram muitos camponeses, prometendo que sua posse duraria cinco anos. Outros mal haviam chegado e seus cultivares estavam ainda na fase inicial de crescimento, quando os jagunços do Diniz ordenaram que plantassem o capim e partissem.

Reportagens de jornais falam da vida dura e da miséria. O capim matava as lavouras de subsistência, e alguns chegavam a reclamar de fome. Vários tinham sorte na caça e pesca, assando capivaras ou pintados e cozinhando raízes. Alguns notaram o aumento da mortalidade infantil. Uma família que ainda morava na área em 1999 relatou a trágica perda de cinco bebês durante este período. Eles reclamavam que "não era justo" incitar pobres migrantes à região com promessas de grande oportunidade somente para chutá-los assim que tivessem sucesso em transformar a selva em terra produtiva de lavoura. Mesmo assim, honrando as ordens das autoridades, alguns relutantemente começaram a plantar o capim nos seus campos.

Mas Jôfre e seus camaradas na associação entenderam a miséria dos parceiros e utilizaram suas reclamações e necessidades para resistirem à expulsão. Eles adotaram um método antigo de resistência, destruindo o produto de seu trabalho, de modo a tomar conta da situação. Alguns cortaram o capim, e anunciaram sua intenção de não saírem de onde estavam. Intuitivamente, Jôfre compreendeu o coração da injustiça quando disse ao *Estadão* que o capim deveria ser bem preparado "para o governador e o Zico Diniz comerem!". Falando por muitos, ele disse não para a ideia de que os camponeses desistissem passivamente das suas lavouras e animais, para que o gado pudesse pastar e ser engordado, para um mercado de carne de que poucos deles poderiam ter esperança de usufruir.

Suas palavras e atos audaciosos atrairam atenção considerável das autoridades, da mídia e dos políticos. Naturalmente, uma das primeiras reações veio de Diniz e de seus agentes. Logo após 16 de abril, data do evento em que o pasto foi arrancado na Fazenda Mariana, o dono da terra deu queixa contra Jôfre e a associação, e uma lista de 19 nomes e de outros tantos sem nome, apelando para que a corte bloqueasse suas futuras atividades e exigindo pagamentos de indenizações.

A Fazenda Mariana ficou cheia de policiais, e Jôfre buscou refúgio na Fazenda São João, onde logo ele organizou outro protesto com camponeses arrancando o pasto. Em maio e junho, repórteres de dois jornais principais de São Paulo, *Última Hora* e *O Estado de S. Paulo*, chegaram para cobrir a história. A revista carioca, *O Cruzeiro*, também mandou um repórter, e chegou uma equipe da nascente televisão paulista, a TV Tupi. A atenção da imprensa levantou questões sobre o comportamento das autoridades e os deveres do Estado, pressionando políticos e burocratas para que se envolvessem na disputa.

Jôfre desfrutava a atenção. Ele sempre havia demonstrado um gosto particular para a moda, usando botas e chapéus distintos, mas agora adotou o "revolucionário chique": deixou a barba crescer e usava uma boina esportiva. De forma jocosa, seus associados começaram a chamá-lo de Fidel, e a alusão encontrou repercussão na polícia e na imprensa. No dia 16 de maio, como parte de uma série de nove reportagens sobre os eventos em Santa Fé do Sul, o *Última Hora* apresentava uma reportagem de capa sobre o papel de Jôfre, intitulada "O Fidel Castro sertanejo".

O nome por si promoveu Jôfre na atenção nacional, em parte por causa da ocasião. Para começar, notícias da revolução em Cuba apareciam regularmente na primeira página dos jornais brasileiros. Os rostos morenos e barbudos de Fidel Castro e de Ernesto "Che" Guevara tornaram-se imagens facilmente reconhecidas, que alguns associavam com orgulho nacionalista, militância e direitos das classes trabalhadoras. O passado militar de Jôfre, sua altura e sua barba escura, além das atividades de organização dos camponeses, deram às pessoas razões suficientes para imaginar a comparação. Para as autoridades, as similaridades eram mais profundas ainda. Eles temiam que Santa Fé, com seu acesso por rio e ligações com três Estados, estivesse estrategicamente localizada, e que Jôfre tivesse as habilidades motivacionais para iniciar uma rebelião entre aqueles que eles presumiam ser um grupo de camponeses analfabetos, ignorantes, desesperados e facilmente manipuláveis.

Como Jôfre trabalhou bem perto de ativistas do PCB bem conhecidos em Santa Fé, seu apelido de Fidel Castro deu às autoridades motivo para se preocuparem. Mas elas nunca tiveram nem sombra de dúvida de que conteriam a Guerra do Capim, e não há razão para questionar a sua confiança. Ninguém falou em revolução: tanto Silva quanto Duarte do PCB viram no acontecimento, e em Jôfre, uma chance de melhorar a sua imagem e utilidade como intermediários das autoridades governamentais junto às classes trabalhadoras, não como líderes revolucionários de massa. Em 1997, Jôfre insistia nunca ter querido seguir Castro, nem em aparência e muito menos no comportamento. "Honro e tiro meu chapéu para Fidel e Guevara, mas, se fosse seguida a linha do Fidel, já teria saído uma revolução sanguinária", disse. "Eu nunca trabalhei com a linha de Fidel. Trabalhei com a linha do PCB".

O estilo do partido estava orientado por uma estratégia de "frente popular". Para lutar contra os "senhores feudais", como bem explica o professor Paulo Cunha, o PCB buscava alianças com a "burguesia progressista" e aqueles que estavam dispostos a acabar com os "imperialistas". No pensamento da liderança do partido, um sistema capitalista nacional tinha que preceder o "estágio histórico" socialista. O PCB não era um partido revolucionário como a versão comunista cubana, o Partido Socialista Popular. E os brasileiros não eram um povo revolucionário, como os cubanos eram em 1959. Os partidos comunistas de ambas as nações tiveram problemas com Fidel e Jôfre, pois os dois se recusavam a acatar ordens. Mantido por pais ricos, uma educação jesuíta rigorosa e um título de bacharel em Direito, Castro impôs disciplina a ele mesmo e aos seus seguidores, mas a sua independência e seu espírito aventureiro assustavam os comunistas. A experiência de Jôfre diferia inteiramente da de Fidel, mas ele também irritava os comunistas com sua independência. Se Jôfre tivesse sido um operador confiável do partido na região, a guerra do capim nunca teria acontecido, porque este era o tipo de ação provocativa que o partido evitava, de modo a construir suas credenciais como um respeitável e sério proponente do progresso ordenado.

O comportamento de Jôfre serviu para o partido conseguir as manchetes e chamar atenção para os problemas dos pobres rurais, o que o PCB estava tentando fazer por si mesmo desde a metade dos anos de 1940. Em setembro, a *Revista Brasiliense* – propriedade do comunista independente Caio Prado Júnior – publicou um artigo sobre "os acontecimentos de Santa Fé do Sul" no qual mostrou a utilidade da luta por um partido em busca de reforma legal. Escrito por Nestor Veras – um importante militante comunista entre os trabalhadores rurais desde 1946, quando foi eleito presidente da Liga Camponesa de Santo Anastácio no Pontal do Paranapanema – que utilizou a luta da associação "liderada pelo camponês Jôfre Corrêia Netto", para "ilustrar [...] a absoluta desorientação de nossa vida agrícola" e pressionar pela "necessidade de uma reforma agrária". Mas era duvidosa a identidade de Jôfre como camponês e a representação da luta em Santa Fé como uma luta rumo à reforma agrária.

O comportamento de Jôfre também a ajudou produzir o único encontro sangrento da Guerra do Capim, algo que os comunistas queriam evitar. Na manhã de 5 de agosto, quando Jôfre parou em um bar no caminho para pegar o trem para São Paulo, um homem armado atirou no seu rosto e na sua perna com um revólver calibre 38. A primeira bala, à queima roupa, passou por seus dentes, destroçando-os, e alojou-se miraculosamente no maxilar. A segunda bala, disparada em sua barriga, errou o alvo, também, pois Jôfre reagiu rapidamente ao primeiro disparo. O atirador, mais tarde identificado como um homem chamado Silva Preto, escapou da cena do crime, e testemunhas corriam pela cidade gritando: "Eles mataram o Jôfre! Eles mataram o Jôfre!"

Entretanto, "eles" não haviam matado Jôfre. Na manhã seguinte, ele chegava de avião ao Hospital das Clínicas em São Paulo para tratar dos seus ferimentos. Duarte alega que Jôfre chamou para si os tiros, pois não seguira as restrições partidárias, quanto a falar abertamente, beber e procurar mulheres. Jôfre não poderia ser silenciado e, quanto mais ele falava contra Zico Diniz e seus aliados, mais Duarte se preocupava com a sua segurança e a imagem do partido. Jôfre passou muito tempo em botequins e adorava a atenção que a nova fama lhe havia trazido. Alguns alegam que Silva Preto disparou contra ele em uma disputa sobre "uma prostituta loira". Como era de se esperar, os oponentes de Jôfre afirmaram que o tiroteio era apenas uma "questão pessoal", mas não se sabe ao certo. Embora Silva tenha desaparecido e o Estado nunca tenha julgado ou prendido ninguém pelo crime, muitos dedos apontavam para o administrador da Fazenda São João, Joaquim Nogueira. Nogueira admitiu que o atirador trabalhava para ele e que ele queria ver Jôfre morto. Depois dos disparos, a polícia sugeriu que ele deixasse a área, até que as tensões tivessem passado. Em 1987, ele contou ao historiador Nazareth dos Reis que havia desafiado Silva a atirar em Jôfre "de brincadeira". Mas, naturalmente, Nogueira logo deixou de admitir ter contratado um assassino. Como os apoiadores de Jôfre na época, a maior parte dos analistas concorda que foi um crime político, arquitetado por Diniz ou Nogueira, para silenciar um agitador, de modo a restabelecer o controle na região. Por exemplo, a socióloga Vera Chaia simplesmente jogou a culpa em Diniz. Para ela, Jôfre foi "baleado por criminosos a soldo do latifundiário".

Depois da saída de Jôfre, o controle foi gradualmente retomado pelo governo do Estado. O governador mandou para a região um versátil biólogo, chamado Paulo Vanzolini, como apaziguador, com poderes especiais para conter e resolver a disputa. O PCB assistiu-o de modo inteligente. Enquanto o partido condenava os disparos e as ameaças de violência, também trabalhava para buscar um compromisso. O PCB ameaçou que, se qualquer outro camponês fosse baleado, eles iriam "queimar as fazendas, sem deixar uma única árvore em pé. Será violência contra violência". Desse modo, o partido usou o incidente para ganhar e convencer o governador a levar o conflito a sério. Em seguida, Duarte trabalhou junto com Vanzolini para persuadir os camponeses a aceitarem um ano de extensão de sua parceria.

No fim de setembro, Vanzolini e o partido conseguiram convencer Diniz e seus homens a permitirem que a maioria dos outros ficassem até julho de 1961. Advogados de ambos os lados escreveram um contrato modelo e Vanzolini compareceu às reuniões de massa organizadas pela associação para conseguir que o contrato fosse assinado – prevendo problemas futuros, alguns se preocupavam que, assinado o contrato, eles estariam desistindo da promessa de serem donos das próprias terras, como Jôfre havia dito. O partido apresentou o acordo feito por meio do contrato como uma grande vitória. No fim de setembro, o tabloide semanal do PCB, *Novos Rumos*, publicou um artigo intitulado "Dono de terra perde a guerra do capim". O artigo apresentava uma fotografia de Jôfre, com a legenda que o descrevia como "o líder dos camponeses de Santa Fé do Sul". Na fotografia, Jôfre projetava uma imagem de grande segurança. Ele usava bigode e posou, numa pose displicente, com sua mão esquerda no bolso do casaco.

Quando Silva disparou contra Jôfre, o líder estava a caminho de São Paulo para participar de uma manifestação organizada pelo PCB. ele. Pretendia, também, encontrar-se mais uma vez com o governador Carvalho Pinto. Quando finalmente recebeu alta do hospital no meio de setembro – com uma das balas ainda alojada na boca –, descobriu que o partido tinha mais serviço para ele. Por algumas semanas, eles o colocaram em treinamento sobre ideologia comunista e métodos de organização clandestina.

A notoriedade de Jôfre depois do atentado parecia aumentar seu valor como porta-voz dos camponeses, e o partido o direcionava a falar em várias manifestações de protesto e "presidir" o ato de fundação de associações e sindicatos de lavradores e trabalhadores rurais. Nesse período populista, quando os líderes políticos e os partidos competiam pela posição de voz legítima das chamadas massas, Jôfre serviu para fortalecer o pedido comunista e ser o líder de classe dos trabalhadores rurais. Esta imagem interessava ao partido, pois mais e mais políticos e grupos buscavam eleitores rurais. (Entre os competidores estava um político do Partido Trabalhista do Rio Grande do Sul, o deputado federal Fernando Ferrari). A efetiva participação de Jôfre nesse papel foi reconhecida em uma publicação de língua inglesa de 1970, quando ele foi descrito pelo advogado Clodomir de Moraes como um "dos dois autênticos líderes camponeses de reputação nacional" que o PCB contava entre seus membros. Ironicamente, Jôfre tinha poucas credenciais como camponês, mas certamente sabia como motivá-los.

Em novembro, Jôfre estava de volta a Santa Fé do Sul. Da cama do hospital de São Paulo, em agosto de 1959, Jôfre tinha proclamado sua intenção de retomar a luta em Santa Fé. "Vou voltar", disse a um repórter.

"Ameaças não querem dizer nada. Os camponeses precisam de mim para levar o movimento à frente". A polícia ridicularizava a sua presença na região, descrevendo como fúteis suas tentativas de reviver o movimento e vaidades suas viagens e reuniões com o governador e outras autoridades. Na verdade, na ausência do Jôfre, a associação continuou na luta; por isso, sua volta foi bem vista pelos camponeses.

No dia 19 de novembro, ele organizou um evento público para comemorar o lançamento da pedra fundamental da planejada sede sindical, que seria construída em Santa Fé. Participaram várias autoridades e militantes do movimento camponês. O sucesso da cerimônia inspirou uma nova atitude de preocupação entre a polícia. Mais tarde, os relatórios da polícia secreta (Deops) notaram que os camponeses tiravam seus chapéus na rua, o chamavam de capitão Jôfre e o tratavam "como um Deus". Um informante concluiu que "agitador rural maior que Jôfre não pode existir".

Jôfre trabalhou em outro nível durante sua segunda aparição na região. Usando técnicas que havia aprendido durante o treinamento pós-cirúrgico – sob a tutela dos comunistas de São Paulo –, organizou reuniões clandestinas com os camponeses. Provavelmente sem a autorização do partido, tentou convencer os lavradores a ignorarem seus contratos, não plantando capim em dezembro e janeiro. Quando os diaristas contratados por Nogueira e Marim plantaram capim nos campos dos posseiros, alguns deles começaram rapidamente a arrancá-lo.

Em dezembro, um grupo de comerciantes mandou uma petição para os representantes do governo, requerendo mais proteção dos militantes, de modo a evitar que 1959 se repetisse. Paradoxalmente, alguns desses mercadores haviam apoiado Jôfre e a associação anteriormente, calculando que os camponeses seriam consumidores mais confiáveis que gado. A tensão aumentava quanto mais havia polícia na área. Em fevereiro de 1960, a polícia revistou as casas dos camponeses militantes e prendeu um grupo de 29 por acusações vagas, intimidando-os e depois sendo forçada a soltá-los. Em março, as notícias trouxeram inspiração: uma fazenda de açúcar decadente no Estado de Pernambuco havia sido expropriada e distribuída para os membros da Liga Camponesa do Engenho Galileia. Isto reviveu as expectativas vislumbradas por Jôfre de reforma agrária em Santa Fé.

Em abril, viajou para São Paulo para uma conferência de líderes sindicais, agradecendo a eles pelo apoio e buscando solidariedade. Em maio, presidiu uma mesa redonda em Santa Fé, com líderes políticos e especialistas em agricultura, na qual compareceram "centenas de camponeses e suas famílias, incluindo seus filhos pequenos". Aqueles que compareceram à reunião para prolongar suas posses, uma vez mais, tiveram de esperar a decisão do governador sobre a distribuição de terra.

Mas Zico Diniz e seus associados se opuseram à reforma agrária e às negociações. Para combater, eles repetiam algumas das táticas mais violentas de 1957. Seus capangas queimaram alguns sítios e plantaram capim diretamente nas plantações dos camponeses. Mas quando chegaram as brisas frias do outono nas altas e secas planícies, a situação mudou repentinamente com a prisão de Jôfre. Em 23 de maio, ele foi indiciado por violar a segurança nacional. Em 2 de junho, foi preso e detido em Jales. Faltavam seis semanas para expirar os contratos, e a polícia sabia que Jôfre estava organizando uma queda-de-braço final. Visando os comunistas, a Lei de Segurança Nacional de 1953 permitia a "prisão preventiva" de indivíduos que consideravam ser ameaça à "ordem social." Em 18 de julho, um juiz usou a lei para acusar Jôfre de ameaçar a ordem por "incitar os camponeses de Santa Fé do Sul a agirem contra uma decisão judicial", proibindo que se arrancasse o capim novamente. A polícia esperava que a sua prisão reduzisse a probabilidade de problemas na região, pois sem ele, concluíram, os "camponeses não têm líder".

As esperanças da polícia foram destruídas pelos eventos subsequentes. A associação e seus componentes sobreviveram à prisão de Jôfre. De fato, o aprisionamento parecia intensificar em vez de aliviar a luta. Em junho, o vice-presidente da associação, Olímpio Machado Pereira, publicou um poema, celebrando a inspiração do "destemido Jôfre" e a importância da organização camponesa em resistir às violentas ações dos "grandes tubarões", como Diniz. Os advogados da associação – Rollemberg e Novaes Netto – foram trabalhar, apelando para a soltura de Jôfre; e petições dos políticos e líderes sindicais começaram a chegar ao judiciário de Jales.

Em julho, Olímpio expressou "indignação" contra as acusações de subversão lançadas contra Jôfre pelas autoridades e concluiu que os camponeses "sabem perfeitamente bem que Jôfre não era agitador, mas um homem que clamou contra a injustiça". Os agitadores reais, ele escreveu, eram Diniz e o juiz de Jales. Mais tarde, no mesmo mês, 15 posseiros foram presos depois de arrancarem cerca de 10 hectares de capim para protestar contra a prisão de Jôfre. Outra família de posseiros cortou mais de 20 hectares em protesto contra a prisão de seus vizinhos. Entendendo que pouco havia sido ganho com a prisão de Jôfre, o governador mandou Vanzolini de volta à região em agosto.

Como Vanzolini revelou em seus diários da experiência, encontrou uma situação difícil quando chegou. A polícia não seguiu suas ordens, e os atiradores de Diniz e Nogueira mandavam no campo. Eles aterrorizavam os camponeses resistentes, enchendo seus poços d'água com sujeira e queimando suas casas. Vanzolini fez amizade com Olímpio, contando à polícia secreta que ele era útil e que era melhor não o prender até que a calma tivesse sido restabelecida. Com a ajuda de Olímpio e o apoio do governador, Vanzolini iniciou a retomada do controle. Mandou que a polícia beligerante fosse substituída, confiscou a arma de Diniz e mandou que prendessem seus capangas. Em seguida, trabalhou com os posseiros, concluindo que 42 das 600 famílias remanescentes queriam ficar.

Para a maioria, Vanzolini ofereceu sacas de sementes de arroz vencidas e transporte para terras devolutas do Estado, onde poderiam começar novas lavouras, mas sem nenhuma assistência. Os camponeses mais resistentes usaram a associação para processar Diniz por danos contra suas propriedades pessoais e a destruição de seus melhoramentos, barracas, casas e outros prédios agrícolas. Vanzolini tentou subornar alguns deles com dinheiro, enquanto Diniz, agora desarmado, usou o gado como arma, soltando 500 cabeças na Fazenda Mariana e mil na Fazenda São João. A espinha dorsal do movimento estava quebrada e, no fim do mês, quando Vanzolini sentiu que havia apaziguado o conflito, a polícia secreta prendeu Olímpio e outros líderes da associação e confiscou o restante de suas posses. A guerra do capim estava terminada, mas Jôfre permanecia vivo e ativo.

# Jôfre, o autêntico líder camponês

Jôfre esperou na cadeia até setembro, quando foi julgado com Olímpio e outros líderes da associação. Em 4 de setembro, a corte condenou-os por invasão e por atentado contra a segurança nacional, por incitar violenta luta de classes, sentenciando Jôfre a três anos e os outros a 16 meses de confinamento. A soltura desses "presos políticos" tornou-se uma causa célebre para o Partido Comunista, obtida no fim do ano, quando o Tribunal Superior lhes deu ganho de causa. Em 21 de dezembro de 1960, o tribunal, de forma unânime, acatou o argumento dos réus, de que o uso de enxadas para arrancar o capim de propriedades que eles mesmos haviam arrendado não constituía nem um ato violento nem invasão de propriedade, muito menos uma ameaça à segurança nacional.

Uma semana depois, em 28 de dezembro, Lyndolpho Silva, principal defensor dos trabalhadores rurais junto ao PCB, liderou uma delegação de trabalhadores rurais e urbanos, com uma campanha bem divulgada, pedindo a liberação de Jôfre. "Estou aqui porque dei três passos em favor dos camponeses", falou Jôfre. "Quando sair darei 9 passos". Já no início de 1961, Jôfre estava em liberdade novamente e percorreu bastante o interior durante os próximos 20 meses (Olímpio e outros presos não foram soltos até março). Jôfre desfrutou de notoriedade como organizador da luta camponesa em São Paulo, especialmente depois do atentado. Silva se aproveitou da imagem dele como camponês militante para ajudar o partido a construir a Ultab e sua base política no campo. Onde Jôfre parava, denunciaria os "senhores feudais", organizando trabalhadores rurais, servindo de delegado dos camponeses em conferências estaduais e nacionais e celebrando a Revolução Cubana.

No primeiro dia do ano, recebeu homagem dos metalúrgicos de São Paulo e discursou sobre a Revolução Cubana. "Devíamos imitar Cuba, que apesar de pequena demonstrava ser forte, derrotando os trustes norte-americanos". Ele denunciou a revisão agrária do governo Carvalho Pinto por excluir "centenas de milhares de assalariados agrícolas, colonos de café, arrendatários, e parceiros "da possibilidade de obter terras". Se a Ultab e outros grupos camponeses tivessem participado na confecção da legislação, teria sido uma lei "do povo", que trataria os latifúndios como terras "que deveriam ser distribuídas gratuitamente aos que trabalham na terra e não a possuem". Para Jôfre, o governador respondeu ao conflito em Santa Fé não com reforma, mas com a violência da polícia. Já no sétimo dia do ano, um espião do Deops em Santa Fé relatou de que Jôfre se envolveu na fundação de uma célula do PCB chamada "Grêmio 9 de julho". Sem dúvida, Jôfre continuou firme na luta.

Quase um ano depois, Lyndolpho e Jôfre subiram em outro palco nacional com a celebração do Primeiro Congresso de Lavradores e Trabalhadores Rurais em novembro, 1961. Ele participou como líder camponês autêntico do PCB em sua rivalidade com outras organizações, principalmente as Ligas Camponesas de Francisco Julião e as associações organizadas pela ala progressiva da Igreja Católica.

Em 15 de novembro, cerca de 1.500 delegados camponeses se reuniram em Belo Horizonte para participar do congresso. Resultado de um trabalho de mobilização nacional instigado pela Ultab, foi realizado em um prédio público fornecido pelo governador José de Magalhães Pinto. O congresso marcou um momento transcendente na longa luta do campesinato por legitimidade política. Nesse congresso, reuniram-se centenas de representantes dos sindicatos de trabalhadores rurais em formação, associações de lavradores, ligas camponesas, organizações estudantis e grupos da Igreja Católica de todo o país.

Embora estivessem acostumados a décadas de discursos sobre as necessidades do "homem do campo", até então nenhum presidente ou funcionário de alto escalão tinha encarado uma assembleia de camponeses. Dessa vez tanto o presidente Goulart quanto o primeiro-ministro Tancredo Neves, assim como o governador Magalhães Pinto, se apresentaram aos camponeses. "O Estado não podia mais ignorar o avanço do movimento social no campo", observou o cientista Luiz Flávio Carvalho Costa; "tornava-se necessário entrar por esse terreno em franca disputa". Com seu avanço, também avançou sua agenda de reforma agrária radical. Depois do congresso, como enfatiza a socióloga Leonilde Medeiros, "não era mais possível resolver a questão agrária com medidas locais" e parciais, como a revisão agrária de São Paulo ou a desapropriação do Engenho Galileia em Pernambuco. Depois do congresso, "profundas transformações da estrutura agrária se tornaram questões essenciais para o desenvolvimento nacional".

No fechamento da conferência, em 17 de novembro, diante de uma multidão estimada em 7 mil pessoas, Goulart mudou o seu texto para apoiar a proposta de emenda da Constituição defendida por Julião. "Para uma reforma agrária que atenda realmente aos interesses nacionais", disse Goulart, "que atenda aos camponeses brasileiros, temos de considerar seriamente, como disse há pouco o deputado Julião, a reforma da nossa Constituição, a instituição de princípios constitucionais que permitam que essa reforma agrária se faça em termos de realidade, especialmente em termos que atendam aos agricultores brasileiros". Nesse texto, preparado pelo próprio presidente, ele aprovava o movimento rural, chamando-o de "pedra angular do regime democrático", e obrigando-se a fazer todo o possível "para que os trabalhadores rurais brasileiros possam, em breve, ver transformada em realidade as suas justas reivindicações". Concluindo, ele convidava os organizadores do congresso a visitá-lo na capital, para discutir "os resultados deste memorável conclave realizado pelos trabalhadores do campo".

Os líderes do movimento camponês, que eram fiéis ao PCB acreditaram que a posse de Goulart, que era vice presidente quando Jânio Quadros renunciou a presidência em agosto, iniciaria uma nova era na luta pela democracia. H. Sosthenes Jambo, diretor-executivo do jornal *Terra Livre*, escreveu:

"Essa nova etapa, que nasceu da derrota do grupo golpista diante das lutas do povo em defesa da legalidade democrática, durante a última crise político-militar, tem como marco bem claro o 1º Congresso Nacional de Camponeses, que forçou o 1º Ministro Tancredo Neves a se afundar na cadeira e pôr as mãos na cabeça sob o pêso da responsabilidade que 40 milhões de camponeses, alí representados, colocavam nas costas dos poderes públicos".

A mobilização dos trabalhadores rurais para defender a sucessão de Goulart ia ajudá-los a alcançar um novo nível de colaboração e incorporação com o Estado, Jambo argumentou. O próprio congresso reafirmou essa aliança, insistiu mais tarde Julião, afirmando que havia movido o presidente "a decretar imediatamente a sindicalização rural". Na verdade, Goulart não decretou formalmente a sindicalização rural até a assinatura do ETR, em março de 1963. Porém, seu governo foi capaz de acelerar o reconhecimento dos sindicatos rurais nos meses subsequentes ao congresso camponês.

Durante o congresso, centenas de trabalhadores rurais deram seu testemunho sobre a sua perspectiva da realidade da vida rural por todo o país. Suas histórias de abuso, exploração, mortalidade infantil, fome e exaustão contrastavam dramaticamente com as benesses paternalistas celebradas pelos fazendeiros. Dezenas de comissões examinaram esse testemunho e propuseram soluções, garantindo às reclamações dos camponeses uma legitimidade sem precedentes.

Além de sua presença nos plenários, Jôfre contribuiu para legitimar o movimento camponês orientado pelo PCB com a estreia nacional de uma peça de teatro, "Mutirão em Novo Sol". Escrita por Nelson Xavier, Augusto Boal, Hamilton Trevisan, Modesto Carone e Benedito M. Araújo, membros do Centro Popular de Cultura, uma organização do PCB que viu a produção cultural como arma essencial da revolução brasileira, a peça dramatizou o conflito dos camponeses em Santa Fé do Sul. Roque Santelmo Filho, o protagonista, foi baseado na representação jornalística da atuação do capitão Jôfre. Para assistir à peça no Congresso, Jôfre foi acompanhado pela primeira-dama, Maria Teresa Fontela Goulart, "que ficou bem impressionada com a história", lembra ele.

A peça tem qualidades cinegráficas. A cena se centraliza em um tribunal onde Roque está sendo processado por perturbar a ordem social. Cada vez que responde às perguntas do juiz, a peça muda de cenário para o campo em um retrocesso, depois disso, volta para o tribunal. Tem quase 25 personagens, entre eles o representante do governo (Paulo Vanzolini?), o latifundiário Porfírio (Zico Diniz?), o jagunço cruel Anjo, um jagunço que fica com remorso (Aparecido Jacinto Galdino?), o camponês agressivo Baiano, um lavrador medroso, a camponesa corajosa Aurora (Maria Aparecida de Castro?), o jornalista comunista Cruz (Pedro Renaux Duarte?), um candidato político (Deraldo da Silva?) e o farmacêutico Honório. Roque é um camponês como todos, só que tem um discurso mais sofisticado e mostra desde cedo um carisma que comanda respeito. O caráter dele muda pouco na peça. No início, acha certa a posição do Honório, que espera que o Judiciário defenda a permanência dos camponeses contra as ordens de expulsão do Porfírio. Depois do assassinato de Honório, Roque luta para organizar um sindicato para unir as forças de todos os camponeses da área. A primeira atividade do sindicato é arrancar o capim, que é o climax da peça, quando Roque é preso.

A cronologia da ação tem pouco a ver com a história real e todos os personagens são tipos mais que pessoas com sentimentos complexos. Mesmo assim, a peça ilumina os principais argumentos da luta pela terra da época. Primeiro, a miséria dos camponeses que reclamam de estarem sendo explorados brutalmente, sofrendo espancamento pelos jagunços, trabalho escravo e fome que mata crianças. Segundo, o poder do latifundiário é vinculado ao capital estrangeiro porque o Porfírio, diferente do Diniz, vai exportar carne para a Europa e os EUA. Terceiro, as instituições do Estado são corruptas, e os camponeses não podem contar com juízes, policiais, políticos ou outros funcionários públicos para representar seus interesses. Quarto, o único recurso do campesinato é a sua própria organização. É a união que faz a força, por isso, o título da peça enfatiza o "mutirão" da mobilização para defender sua posse arrancando o capim. Líderes heroicos como o Roque são importantes, mas não essenciais, porque o povo é rico em sua capacidade de produzir heróis.

Depois do congresso, Jôfre foi preso novamente em setembro de 1962, por ameaçar a segurança nacional. Ele passou o restante da era populista na cadeia. Seu radicalismo também não serviu mais às necessidades do momento, segundo os dirigentes do PCB, ainda mais acomodados com sua proximidade com o governo Goulart.

Durante o seu encarceramento, Jôfre continuou a servir o partido como um símbolo camponês. Militantes comunistas e publicações exploraram-no para documentar as injustiças que enfrentavam as classes trabalhadoras rurais. Em maio de 1964, quase dois meses após as forças armadas brasileiras terem tomado a presidência e desbaratado os movimentos sociais, especialmente aqueles ligados ao PCB, Jôfre voltou à sociedade. Interrogado pela polícia secreta sobre sua soltura, Jôfre negou a afiliação ao partido e às Ligas Camponesas. Sempre esperto, ele devia ter pensado que os tempos e as relações de poder haviam mudado. O novo regime militar havia declarado guerra à esquerda. O Fidel Castro do Brasil havia perdido sua tela e tornou-se um mero fantasma, até os pesquisadores começarem a pintar seu retrato de novo nos anos de 1980.

Acusado de representar um risco à segurança nacional, recebe visita de um grupo de sindicalistas e políticos na cadeia em Mirassol, São Paulo, em dezembro, 1960.

# Conclusão

A vida de Jôfre, depois de 1964, não é fácil de reconstruir. Voltou a seguir uma vida bastante oculta, que não gostava de comentar. Apareceu de repente na imprensa, em 1973, quando foi preso pelo Deops, em Jundiaí, São Paulo. Alegaram que ele era um terrorista, integrante de um grupo armado da esquerda que havia roubado muitos bancos. Alegaram que estava com um antigo exemplar de um jornal comunista. O processo contra ele não foi encontrado, e ele só declarou, com relação a esse caso, que foi brutalmente torturado pela polícia.

Acompanhando Jôfre por quase 15 anos, pouco conseguimos revelar desse seu período de vida. Trabalhou como diarista e pequeno negociante; nos anos de 1980, mexeu com o garimpo de pedras preciosas em Tocantins; nos anos de 1990, viveu no meio dos ciganos de Goiás. De sua experiência de vida, sempre enfatizou suas aventuras no exército e na luta pela terra.

Nos anos de 1980, além de conseguir aposentadoria como febiano (ex-combatente da Força Expedicionária Brasileira), Jôfre voltou a atuar como militante do

PCB. Deu entrevistas a pesquisadores e participou da filmagem do filme documentário *Grass War! (Guerra do capim)*. Viajou para fora do Brasil pela primeira vez em abril de 2001, chegando aos Estados Unidos para assistir ao lançamento do filme.

A identificação de Jôfre com Fidel Castro nos permite compreender melhor a sociedade brasileira do início dos anos de 1960. Como vimos anteriormente, muito pouco da vida, caráter e comportamento de Jôfre sustentam a comparação. A polícia acusou-o de buscar essa identidade deixando crescer a barba, na primavera de 1959; mas, dentro de um mês, também registraram que ele havia tirado a barba e estava agora "usando um bigode à la Joseph Stalin". Claramente esta era apenas uma especulação da Guerra Fria e não revela nada sobre o que pensava Jôfre sobre si mesmo.

O diário *Última Hora* cunhou a imagem do "Fidel Castro sertanejo" e usou-a quer Jôfre tivesse barba ou não. Samuel Wainer publicava o jornal e era bem conhecido como apoiador do Partido Trabalhista Brasileiro (PTB), que foi fundado em 1945 pelo Presidente Getúlio Vargas. Esse partido promoveu a incorporação da classe trabalhadora por meio de sindicatos, associações e ligas sancionadas pelo governo. Para muitos latino-americanos, Castro era um nacionalista corajoso, alguém que se impôs contra um ditador manipulado pelos interesses estrangeiros para reivindicar Cuba em benefício dos cubanos. Para Wainer, descrever Jôfre como Fidel significava ligar a experiência brasileira com a cubana, e o PTB ao que aparentava ser o triunfo do populismo e das causas nacionalistas.

Enquanto que Jôfre representava Fidel, o dono de terras Zico Diniz desempenhava o papel de latifundiário, o ditador/senhor feudal que não deixava os camponeses avançarem. Atrelando a figura de Fidel à de Jôfre, Wainer também deve ter esperado vender mais jornais aos seus maiores leitores – a classe trabalhadora. A alcunha diz mais sobre o Brasil da época que sobre o próprio Jôfre.

Como indivíduo, Jôfre fora transformado pela guerra do capim de Santa Fé do Sul. Não sabemos ao certo o que determinou a sua mudança de malandro para militante, mas qualquer que tenha sido, mudou a sua vida. Ele tinha uns 40 anos em 1959 e descobriu um chamado na guerra do capim que o levou além de suas próprias preocupações, que o transformou em alguém que se importava com os outros. O próprio Jôfre preferia enfatizar suas origens no combativo Estado do Rio Grande do Sul e alegar descender de uma longa linhagem de comunistas. Entretanto, a ideologia comunista raramente era mencionada e desempenhou um papel pequeno na guerra do capim. É tão fácil quanto encontrar origens anarquistas para a frase mais típica da época do PCB, "A terra para quem nela trabalha", um conceitualização da econômica moral com raízes bíblicas também. Entre as forças múltiplas para o seu despertar, devemos listar seus pais, o serviço militar, as ações de seus companheiros camponeses, o apoio dos comunistas e o contexto do populismo brasileiro.

Ao longo dos anos 1950, direitos iguais para os trabalhadores rurais e promessas de reforma na terra cresceram como parte da bagagem de campanha de políticos brasileiros. A ligação entre o sucesso da nação e o bem-estar dos camponeses era ainda bastante tênue em 1959, mas, inspirada pela retórica populista, os arrendatários de Santa Fé do Sul se filiaram à ideia. Dentre eles, o itinerante não-conformista, ex-soldado e autoidentificado gaúcho Jôfre Corrêa Netto provou mais adequação em criar sua própria identidade com essa identidade nacional emergente. Elaborando seu próprio papel na Segunda Guerra Mundial na luta contra o fascismo, ele encorajou seus colegas a chamá-lo de capitão Jôfre e associá-lo com os comunistas na construção de uma organização para lutar pelos direitos dos camponeses de participar do progresso do país.

Jôfre parece ter começado essa campanha sem projeto definido, sem entender por completo o seu significado. Primeiro, deve ter parecido apenas outra aventura de estrada em uma vida já repleta de desvios. Entretanto, a tentativa de assassinato tornou claro que as apostas eram altas. O tiroteio e sua educação entre ativistas comunistas profissionais em São Paulo transformaram-no em um militante sério. Ele poderia ter desaparecido do cenário, mas, ao contrário, se levantou para confrontar seus opositores e continuar a luta de um modo muito mais disciplinado. De certa forma, ele deixou de ser um indivíduo e se tornou um ser social, um agente histórico. Assim como ele moldou os acontecimentos em Santa Fé, estes o moldaram também.

Numa vida comprida e difícil, Jôfre descobriu na luta pela terra um motivo de ser. Como muitos brasileiros pobres, ele sobreviveu às margens do capitalismo selvagem. Achou ali a causa da reforma agrária e as qualidades de liderança que completaram sua identidade e forneceram a razão pela qual ele marcou a história brasileira para sempre.

**ANEXO**

# POEMA DA TERRA[*]

Olímpio Pereira Machado
In: *Revista Brasiliense* 36, pp. 190-196, jul./ago. 1961.

I
O que narra o meu livrinho
São fatos e realidades
É uma história verdadeira
Sem ter sombras de vaidades
Espero fiques contente
De saber sempre a verdade

E se acaso me duvides
Procure se exclarecer
Pois Santa Fé foi um Palco
De cenas duras de ver
E meu livro não diz tudo
Do que veio acontecer

---

[*] O poema foi transcrito conforme o original, mantendo as marcas orais e desvios gramaticais e gráficos.

Eu espero que outras penas
De mais brilho e mais valo
Me acompanhem nestes fatos
De heroísmo e de horror
De unidade e de luta
Deste povo Lavrador

Mesmo com pouca poesia
De pequenina instrução
Vou descrever nestes versos
Como nasceu a Associação
Que em Santa Fe foi creada
Com dura e forte opressão

Foi triste seu despontar
Trouxe amargos dissabores
Mas com provas de união
Dos pequenos lavradores
Que lutaram sempre unidos
Contra todos opressores

Esta entidade nascera
De alguns poucos abnegados
Que na posse do prefeito
Deraldo da Silva Prado
A quem entregue o projeto
Pedido foi aprovado

Logo após a sua posse
Tendo a sua permissão
Nós reunimos os Lavradores
Fundamos uma Comissão
E Lavramos uma ata
De acordo à Lei da Nação

Que caminhava em sucesso
Pra fundar a Associação
Sendo forte e prestigiada
Dos Lavradores do Sertão
Cuja amizade espantava
Os que quer escravidão

Que não viam com bons olhos
A ideia dos lavradores
Que instruindo-se nas Leis
Foi mostrando os seu valores
E aos poucos reagiam-se
Contra os Patrões opressores

Mas, o dinheiro é terrível
O Deus do mal, Nele encerra
Que diante suas tentações
Até a justiça se emperra
O torto fica direito
E o direito cai por terra

E é isto que realmente
Os lavradores vem sofrendo
O que afirmo, com coragem
Enquanto estiver vivendo
Pois enxerguei com meus olhos
Injustiças tão tremendas

É triste e amarga esta vida
Dos pequenos lavradores
Que ingênuos e analfabetos
Sofrem os mais tristes horrores
Do Latifúndio usurário
Tão prepotentes, traidores

Que lhes furtam implacáveis
Lhes deixando sem comer
Com frieza e ingratidão
Fazem isto suceder
Se reagem? Eu lhes digo
Do que pode acontecer

O que a nos vem sucedendo
Processos, condenação
Para efeito de uma causa
Desmembrar nossa união
Pois reunidos nós aprende
A lhes fazer reação

Se o leitor for operário
Em peço a tua atenção
A União é o forte escudo
Contra a espada da traição
Que desferem contra nos
O opressor, o tubarão

E ainda com sofrimento
Lutemos pela união
Só esta vem libertar
Operário da opressão
Ensine isto ao teu colega
Lavrador, que e teu irmão

Só assim conseguiremos
A vencer todo opressor
Ter a vida equitativa
De acordo ao nosso labor
Ter justiça, que mais justa
Garanta ao trabalhador

Do contrário, só desgraças
Fará nos vem sucedendo
E o Patrão, batendo palmas
Da miséria escarnecendo
Somente grade União
Pode essa força ir vencendo

Quando os pobres iniciaram trabalhos
Procurando funda a Associação
Financeiros recursos reunindo
Prá Assembleia de nossa Eleição

Na fazenda de Zico Diniz
Fazendeiro maior do Sertão
Rebentou uma greve arrancando
De entre as rocas o capim colonião
Um capim que somente a maldade
De um ferós ou cruer fazendeiro
Prantaria nas rocas de arroz
De arrendantes e pobres roceiros

Que não tinham, a não ser as rocinhas
Mais recursos com que se manter
E isto mesmo, coitados perderam
Na verdade que irei descrever

Tinham inda dois anos em contrato
A explirar na cultura do chão
E este homem munido em jagunços
Sobre as roças plantou colonião

Que estragou toda as suas lavouras
Pois que a greve lhes fora embargada

Pelo Juiz que despacha o pedido
Requerido do atroz potentado

Alegando um contrato vencido
Em Abril desse ano, e ganhou
Ora vejam tamanho absurdo
Que ultraje ao trabalho, ao labor

E é aí que os processos nasceram
Procurando abafar a Associação
Pois seus membros gritavam justiça
Em clamores por toda a Nação

O contrato da Fazenda
É uma forma verbal
E a justiça sabendo-o
Mas não "ligou" em provar
Procurando sempre o jogo
De o prepotente salvar

Assim o Fazendeiro
Por meio do advogado
Faz a falsa petição
Que apresenta ao Magistrado
Petição que as testemunhas
Só podiam ser compradas

Contrato Agrícola vencer?
Em mês de Abril? Vejam bem.
Que falsidade espantosa
Procurem encará-la bem
Pois o Juiz, mais que depressa
Despacha; e o embargo advem

Antes de iniciar a greve
Foram ao Juiz reclamaram
Pedindo as Leis em defesa
Contra a ação do proprietário
E este não deu ouvidos
Aos pobres arrendatários

O contrato da fazenda
Forma ilegal no Paiz
Serviu-lhe prá dar-lhe forças
De amoldal-o como quiz
Eis o absurdo, no prazo
Da petição ao Juiz

E o capim matou as roças
Antes dos pobres colher
Muitos coitados ficaram
Sem recursos prá comer
Crianças morrem à míngua
Sem remerdios prá beber

E enquanto isso decorre
Sofrimentos sem cessar
Sem trabalhos sem recursos
Sem poderem se mudar
O patrão inda promete
Deles todos despejar

Calúnias de toda espécie
Contra todos são surgidas
Eram todos invasores
Pobre classe perseguida
Queriam tomar-lhe a fazenda
Que mentira descabida

Contingentes Policiais
Com fuzis, metralhadores
Desembarcaram em Rubineia
Procurando os invasores
Ficavam despontados
Sem disto encontrar rumores

Mas isso serviu o ambiente
Dos fortes caluniadores
Para forjar-se os processos
Sobre nós de agitadores
Culpando a novel Entidade
Da Associação de Lavradores

II

As nossas Autoridades
Gostaria eu perguntar?
Das outras vezes passadas
Quem é que foi agitar
D'aquele espetáculo horrível?
Trinta e sei rancho a queimar!

Em mil novecentos e trinta e seis
Esta praça foi plateia
Da mais terrível das senas
Que consternou Rubineia
Naquele horrível despejo
Mais triste das "epopeas".

Neste Século de Cultura
Ver tanta bestialidade?
Provocadas por humanos
Nos revolta de verdade
E este Zico em sangue frio
Assistindo as cruerdades

Com esses pacatos roceiros
Nossos irmãos, nossa raça
Que fugiam espavoridos
Vendo suas casas em fumaça

Que os policiais punham fogo
As ordens desse "Carcassa"

Queimavam casa com tudo
E os pobres saiu sem nada
Alguns doentes com febres
Saiu prá morrer na estrada
O que aconteceu a uma pobre
Que ficou louca coitada

Uma Mulher em Gravides
Onde as dores se refletem
Deu à luz a criancinha
Na estrada, a pobre da Ivete
Que o cordão umbilicar
Foi cortado a canivete

Despejavam querozene
Esse homem e os policiais
E depois ateavam fogo
Para ver as espiraes
Da fumaça que subia
Da queima dos cereaes

Dava arrepios na gente
Essa forma de terror

E esses crimes até hoje
Conservam-se num compressor
For isso faço a pergunta
Quem será o agitador?

Será estranha esta greve?
Do capim o povo arrancar
Pois com um Patrão dessa forma
Isto não é de estranhar
E a justiça a de sentir
Que esta greve foi legar

A tempos deuse outra peor
Contra o mesmo "Pedro sem"
Em que o povo desesperado
Lhe queimaram um armazém
Repleto em mercadorias
Como acinte a quem não tem

Coitados passando fome
Na fazenda trabalhavam
E o patrão não os suprindo
Como os contratos resavam
Ficaram indignados
Diante as misérias em que estavam

Como veem destas causas
Só revolta pode dar
E os pobres que não tem culpa
Em processos vem penar
E o Patrão que é criminoso
A justiça a encapar

III
A agitação que fisemos
Foi de tudo denunciar
Essas grandes injustiças
Que os pobres vinha esmagar
Como tamanha cruerdade
Que dava horror, presenciar

A agitação que fizemos
Foi pedir a intervenção
Com que o nosso Governador
Apaziguou toda a questão
Nos dando contratos escritos
Trouxe o rico na Razão

Nós trabalhamos nas Leis
Procurando defender
Os pobres arrendatários
De em misérias perecer

Nas unhas de um fazendeiro
Que os judiava por prazer

O representante do Governo
Acompanhou a Associação
Distribuindo os contratos
Que acalmou nosso Sertão
E pode ser testemunha
Se isto é verdade ou não

E qual foi a testemunha
Que provou a agitação
Que trouxe nós condenados
Nas grades de uma prisão
Ou não se pode a verdade?
Dizer-se em nossa Nação

O que houve foi de fato
Contra nós perseguição
Só que visse as injustiças
Que sofreu a Associação
Delegados e policiais
Perseguir a fundação

Fizeram quanto possível
Prá impedir nossa eleição

Aterrorizam o povo
Prá não ir na Reunião
Mas, mesmo assim com sucesso
Foi fundada a Associação

Um terror que foi levado
Até as portas do salão
Onde o povo se reunia
Num interesse em distinção
E a Assembleia foi solene
Caso raro, no Sertão

Cinco mil trabalhadores
Se reuniram com amor
E a Direção da entidade
Foi eleita com louvor
Presente as autoridades
Té mesmo o Governador

Deraldo da Silva Prado
Prefeito Municipal
Dirigiu esses trabalhos
Até a fase final
Na frente de Deputados
E de Líderes Sindicais

Jôfre Correa Netto
Foi eleito Presidente
E grandemente aclamado
Nesta entidade Nascente
Que nascera numa festa
Depois de inferno recente

Acredito se não fosse
Respeito as Autoridades
A Reunião sucumbiria
Por ordem do Delegado
Que ficou tão descontente
Aos seus esforços, baldados

Agradeço com amor
Esse nobre Deputado
Doutor Luciano Lepera
Que aplacou o delegado
Todos Líderes Sindicais
Que de nos teve cuidados

Se a polícia perseguia-nos
Contraria a Associação
O leitor faça uma ideia
O que se sofre no Sertão
Os jagunços tinham folga
Prá inventar com nos questão

Jôfre, viusse perseguido
Na frente da Associação
Que defendia a classe pobre
Contra o usura do patrão
Foi alvo logo da intriga
Que tramava o tubarão

Acostumados ao domínio
Sistema de escravidão
Estranhavam o combate
E o dever da Associação
E avançaram contra essa
Com artimanha e traição

Procuravam matar Jôfre
Que por milagre escapou
Foi um jagunço mandado
Dois tiros lhe desfechou
E a Associação nesse dia
Com seu sangue Batisou!

Neste crime, tem um fato
Notável de mencionar
Em Santa Fé nesse dia
Não havia um policiar
Até o próprio Delegado
Tinha ido viajar

Foi um ato tão sentido
Que insultou os lavradores
Que por pouco não investem
Contra uma ação de traidores
Queriam fazer vingança
Nem que fosse em negras cores

Mas, o jagunço atrevido
Já se tinha refugiado
Juntou-se os nossos conselhos
E os ânimos foi acalmados
E a paz, ameaçada
Voltou logo ao seu estado

Eis aqui caro leitor
O que nós sofre no Sertão
São fatos que dá vergonha
De referir-se à Nação
Mas é crua realidade
Que sentiu a Associação

Defendendo arrendatários
Do Sr. Zico Diniz
Temos sofrido o diabo
Diante de ações das mais vis
Calúnias negras medonhas
Traições cruéis e sutiz

E por isso eu não acanho
De estar preso e condenado
E previno os lavradores
Que se estejam preparados
Que isto é dar terror a classe
Conservando-se escravisados

Ainda que prisioneiro
Eu tenho satisfação
Concertou-se alguma cousa
Com a nossa Associação
E policiais mais decentes
Já existem no Sertão

Pois antes era a desgraça
Com os Jagunços em comunhão
Espancavam os lavradores
Sem nenhuma explicação
E o papel de besta feras
Faziam com seus irmãos

Uma vez prenderam trinta,
E mostraram com que fim
Pois espancando-os gritavam
Sabem porque isto assim?
Por causa da vossa greve
Vão arrancar mais capim!

E a custa de pancadas
Fizeram que os prisioneiros
Gritassem, andando nas ruas
Somas todos macumbeiros
E com isso se desculparam
Daquela prisão traiçoeira

Pois prenderam esses coitados
Sem Justiça e sem Razão
Somente para agradar
Esse rico tubarão
Pois que se achavam reunidos
Num ato de religião

Mas, agora, a diferença
Na polícia, a mais valor
Mais impalcial em justiça
Prá nossa razão se impor
Reconhecendo que o Zico
É um patrão duro e traidor

Se isto aqui nós sofremos
Onde a tudo se esclarece
Façam ideia o que os pobres
No Brasil o que padecem
Milhares são as desgraças
Que em sobras desaparecem

É preciso os lavradores
Aprender o nosso exemplo
Somente dentro à unidade
Criamos força e talento
Fazendo valer direitos
Dos colegas, em sofrimento

E ainda que nos persigam
Nos chamem de Comunistas
Sabemos que tudo é golpes
Que aplica os capitalistas
Pois que estando nós desunidos
Batem palmas na conquista

Sou lavrador, desde moço
Amançador de Sertão
Por defender nossa classe
Vim viver nesta prisão
Mas nós todos, estando unidos
Não terá mais isto não

A nossa classe é a mais grande
E que mais sofre a oprissão
Defendei-a os instruindo
No dever de uma União
Buscando o seu Sindicato
Ou então, a Associação

# Indicação para leitura

CHAIA, Vera Lucia M. Santa Fé do Sul: a luta dos arrendatários. Cadernos *AEL* 7 (1997), p. 11-49.

CARVALHO, José Murilo de. *Forças armadas e política no Brasil*. Rio de Janeiro: Zahar, 2005.

CARVALHO COSTA, Luis Flávio (Org.). *O congresso nacional camponês: trabalhador rural no processo político brasileiro*. Rio de Janeiro: Sociedade do Livro, Editora Universidade Rural, 1993.

CUNHA, Paulo Ribeiro da. *Aconteceu longe demais: a luta pela terra dos posseiros e m Formoso e Trombas e a revolução brasileira (1950-1964)*. São Paulo: Edunesp, 2007.

DAMATTA, Roberto. *Carnavais, malandros e heróis: para uma sociologia do dilema brasileiro*. Rio de Janeiro: Zahar, 1979.

LOVE, Joseph. *O regionalismo gaúcho e as origens da revolução de 30*. Rio de Janeiro: Perspectiva, 1975.

MACAULAY, Neill. *A coluna Prestes*: revolução no Brasil. Rio de Janeiro: Difel, 1977.

MARTINS, José de Souza. *Os camponeses e a política no Brasil*. Petrópolis: Vozes, 1981.

MEDEIROS, Leonilde Sérvolo de. *História dos movimentos sociais no campo*. Rio de Janeiro: Fase, 1989.

MORAES, Clodomir Santos de. *A questão agrária no Brasil. História das Ligas Camponesas do Brasil* / Volume IV. *In:* STEDILE, João

Pedro (Org.) – *História e natureza das Ligas Camponesas – 1954-64*. São Paulo: Expressão Popular, 2005.

MURAMATSU, Luiz Noburu. *Revoltas do capim: movimentos sociais agrários do oeste paulista, 1959-1970*. Dissertação de mestrado em Sociologia. Universidade de São Paulo, 1984.

REIS, Nazareth dos. *Tensões sociais no campo: Rubineia e Santa Clara D'Oeste*. 2 vols. Dissertação de mestrado em Ciências Sociais. Pontifica Universidade Católica de São Paulo, 1990.

VERAS, Nestor. Os acontecimentos de Santa Fé do Sul. *Revista Brasiliense*. 25 set./out. 1961, pp. 46-50.

WELCH, Clifford Andrew. O atentado: tentando encontrar a história nos relatos de um assassinato que não houve. *Projeto História*, 35, pp. 63-95, dez. 2007.

WELCH, Clifford Andrew. *A semente foi plantada: as raízes paulistas do movimento sindical dos trabalhadores rurais do Brasil*. São Paulo: Expressão Popular, 2010.

WELCH, Cliff e PERRINE, Toni. *Guerra do capim* (*Grass War! Peasant Struggle in Brazil*) 2001 VHS 34 m. The Cinema Guild, New York, NY.

XAVIER, Nelson *et al*. Mutirão em Novo Sul. *In:* CHAIA, Vera Lúcia Michalany. *Os conflitos de arrendatários em Santa Fé do Sul – SP (1959-1969)*. Dissertação de mestrado em Sociologia. Universidade de São Paulo. 1980. pp. 178-244.

No Ipiranga, um bairro da classe trabalhadora, inclusive centenas de bóias frias, em Ribeirão Preto, São Paulo, Jôfre criou uma sede do PCB.

# SOBRE O AUTOR

Nascido em San Francisco, Califórnia, nos Estados Unidos da América em 1956, Clifford Andrew Welch trabalhou como peão em fazenda de gado, marinheiro, carpinteiro e jornalista antes de ganhar seu doutorado em História da Duke University nos EUA em 1990. Atualmente é professor adjunto do Curso de História da Universidade Federal de São Paulo e professor credenciado no Programa de Pós-graduação em Geografia da Universidade Estadual Paulista – Campos de Presidente Prudente. Foi professor visitante da PUC/São Paulo e USP e lecionou por 15 anos na Grand Valley State University nos EUA. Foi membro do Conselho Nacional Editorial que organizou a coletânea História Social do Campesinato no Brasil (2009-2010) e autor de *A Semente foi plantada: as raízes paulistas do movimento sindical camponês no Brasil, 1924-1964* (2010), entre outras publicações.